三晋百位历史文化名人传记丛书

追寻先贤足迹 倾听历史回声
守望伟大传统 成就时代梦想

卫青 霍去病传

吕轶芳／著

山西出版传媒集团
北岳文艺出版社·太原

图书在版编目(CIP)数据

卫青　霍去病传 / 吕轶芳著. -- 太原：北岳文艺出版社，2025.1. -- ISBN 978-7-5378-6978-2

Ⅰ. K825.2

中国国家版本馆CIP数据核字第2024LT0719号

书　　名：卫青　霍去病传
著　　者：吕轶芳
责任编辑：刘晓京
装帧设计：张永文
篆　　刻：刘　刚
插图设计：阎宏睿
印装监制：郭　勇

出版发行：山西出版传媒集团·北岳文艺出版社
地　　址：山西省太原市并州南路57号
邮　　编：030012
电　　话：0351-5628696（发行部）
　　　　　0351-5628698（编辑室）
传　　真：0351-5628680
经 销 商：新华书店
印刷装订：山西新华印业有限公司

开　　本：710 mm×1000 mm　1/16
字　　数：207千
印　　张：15
版　　次：2025年1月　第1版
印　　次：2025年1月　山西第1次印刷
书　　号：ISBN 978-7-5378-6978-2
定　　价：38.00元

本书版权为本社独家所有，未经本社同意不得转载、摘编或复制

《三晋百位历史文化名人传记丛书》组织机构

策划
杜学文　张明旺　梁宝印

专家审读委员会
主　任：杨占平

副主任：郭文礼

成　员：周宗奇　韩石山　降大任　赵　瑜　哲　夫
　　　　李书吉　陈为人　乔忠延　魏荣汉　范兆飞

编辑出版委员会
主　任：杨占平

副主任：郭文礼

成　员：刘卫红　孙　茜　王　姝　吕轶芳

◎卫青画像

◎霍去病画像

◎白登之围地图

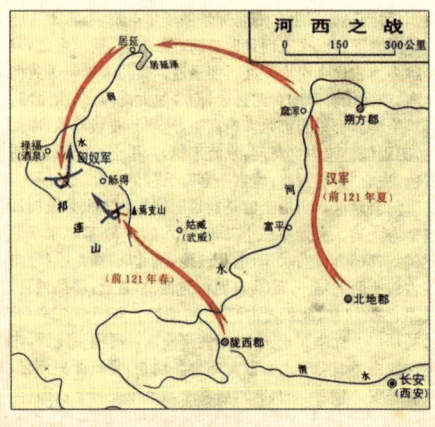

◎河西之战

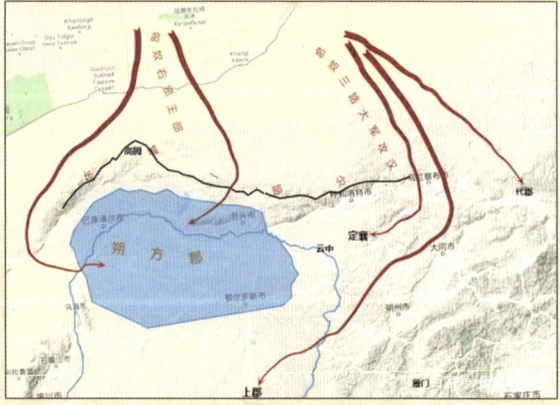

◎漠南之战

◎匈奴未灭何以家为　　◎李广　　◎冒顿单于

◎汉匈战争场景

◎陈阿娇画像

◎李夫人画像

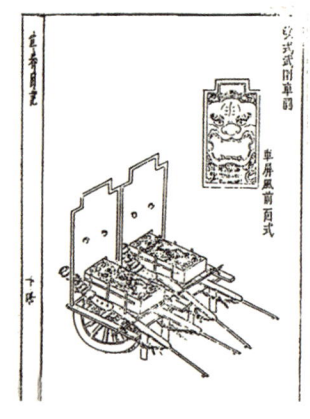
◎武钢车

◎汉武帝雕像

序：现代化进程中的山西文学

杜学文

从传统社会向现代社会的转化是人类发展进程中的重大课题。每一个国家、每一个民族都将面对，难以回避。个人，作为社会的组成细胞，也同样如此。这并不以我们自己的意志来转移。综观世界各国，在这种转化的进程中，都有了不同的选择，并表现出各异的特色。但总的来说，还是目前我们称之为"发达国家"的率先实现了现代化。其成功的转化有诸多原因，但从文化的角度来看，与其自然环境的特殊性、农耕文明的不发达，以及突出的个人奋斗精神、重利思想、实用主义等有极大的关系。而目前世界上的欠发达国家或发展中国家，则在向现代化转化的历史进程中，又表现出各自不同的特色。就中国而言，在其漫长的历史进程中，农耕文明得到了充分发展，并达到了最为繁荣的境界。现在的发达国家在转型早期的生存压力等表现得并不明显，从而一种自给自足、自得其乐的生活方式逐渐固化。向现代化转型的原生性动力并不强大。从某种意义来看，中国实际上进入了一种人类最美好的发展境界，那就是，依靠劳动来创造财富，与大自然和谐共处，有剩余的时间来体验人生的乐趣等等。中国从传统社会向现代社会的转化主要靠外部的强力推动。就是说，因为先发国家对财富、权力、欲望的强烈追求，在吸纳了东方文化，其中非常重要的是中国文化之后，骤然表现出突飞猛进的发展状态。其商业首先得到了快速的发展。特别是依靠对海外市场的分割，使过去形成的传统的世界市场在大航海时代变得更加活跃。同时，工业技术得到了快速的进步。人类的新发明成几何级数增长。新技术的出现使社会生产力得到了空前的解放，物质生产表现出前所未有的丰富。而与之相应的是社会制度的进一步变革。一种能够服务新的生产力发展的社会管理系统逐渐建立，并在血与火之中不断完善。在这样的变革转型中，东方古老的中国受到了西方先发国家的强烈冲击。传统的农耕文明与新发展的工业文明之间出现了严重了错位，并引发了控制、占有与反控制、反占有的残酷斗争。中国从农耕文明的辉煌顶峰跌落，中国人开始睁开眼睛看世界，并反思自身文明存在的问题。在外力的冲击下，中国不自觉地开始了向现代化转化的历史进程。一代又一代的中国人筚路蓝缕、奉献牺牲，前赴后继、求索奋斗，就是要重新找到国家独立、发展、进步的正确道路，实现民族的复兴。在不同的历史时期，他们承担了不同的历史使命。不同的人们从自己所从事的事业中为这样一个艰难而宏伟的目标做出了自己的贡献。而中国的文学，同样没有疏离民族的历史追求，甚至在许多关键的历史时刻，承担了开启民智、传播思想、激发斗志、重塑文明的历史重任。在这样一个艰难的充满了探索的转型进程中，中国人民表现出了自己最大的智慧与韧性。一直到新中国的建立，才基本形成了主权统一、独立自主的现代国家形态，并以超人的勇气与奋斗精神、惊人的创造力与发展速度迈向现代化。在这样一个伟大的转化进程中，中国虽然经历了失败、屈辱、挫折，但终于创造了他人所没有的成就。而我们的文学，正是这一历史的亲历者、推动者、表现者。就山西文学来说，是中国文学的重要方阵，当然也是这一历史的组成部分。其努力与贡献非常突出。

  首先是推动了现代汉语的大众化，为现代汉语从知识阶层走向普通民众，并使二者有机结合做出了积极的贡献。在中国追求现代化的进程中，经历了一个从"器"到"道"的转变。所谓"器"，就是中国人在最初以为是西方发达国家的技术、器物先进，因而倡导"洋务运动"，开办现代工厂，引进西方设施，等等。这些努力从历史发展的必然来看，当然是非常重要的。但是，事实很快证明，仅仅引进西方的先进技术并不能解决问题。之后发生了制度层面的改革，包括推翻清王朝，建立立宪政权，仿效欧美三权分立及选举制度等等。但是，这种形式上的制度变革没有使中国强大起来，反而使中国成了一盘散沙，四分五裂。于是，更多的人开始反思中国的文化。一方面，对中国传统文化中的落后部分进行批判；一方面引进国外的思想如无政府主义、新村主义，包括马克思主义等等。新文化运动成为当时风生水起的社会思潮。从今天来看，其对中国传统文化的批判有许多过激之言。但是如果我们回到具体的历史场景，就会感到这些批判背后所表露的急切心情及历史合理性。在新文化运动中，一个最为突出的问题，也是最为重要的成果就是把中国人使用了数千年的文言文转化为白话文。从文化发展传承的角度来说，以文言文为代表的中国书面语言具有其重要的历史价值、文化价值、文明意义。可以说，文言文的简洁、精炼、典雅，以及其表情达意的丰富性，是世界上任何语言都难以企及的。这也正是其生命力之所在。但是，从历史发展的现实来看，文言文也具有非常严重的局限性，难以适应现代社会的发展要求。首先是缺乏精确性。由于中国传统文化中思维追求整体感、人文感、艺术感，中国的语言缺少对事物的准确表述。这种特点虽然具有非常强烈的人文色彩，以及超越了具体现象的整体感，但是与现代工业技术发展中对事物精确性表达的要求有很大的距离。语言的背后体现的是思维方式。如果语言难以体现精确性要求，人们的思维同样将不能适应时代发展的要求。其次是书面语言与口头语言的分离。虽然任何语言都会表现出书面与口头的差别，也就是说，人们不可能把口头语言照搬为书面语言。但这种差别在汉语中表现得尤为突出。这就是作为书面语言的文言文与口头语言的"白话"之间的区别。这种区别使更多的普通民众与书面书写脱离，对开启民智、提升大众的文化素养产生了障碍。而现代化的实现并不仅仅是少数"文化人"的事，而是全民族的事。因此，语言的变革，使之更能够适应现代化的需要就成为一种时代的必然。20世纪的新文化运动，除了其在价值观方面的追求如"科学""民主"等之外，对语言的解放也是一种非常强烈的期待。一些有识之士率先放弃了对古代汉语的使用，积极采用白话文来构建现代汉语。这其中，出现了许多具有代表性的人物，如鲁迅、胡适等。今天我们仍然能够感受到鲁迅的语言中存留有古代汉语的元素。这是中国语文从古代汉语向现代汉语过渡的典型表现。而胡适等人则努力使自己的书面语言更加通俗化、口语化，也显示出某种过分倾向于白话的特点。另外一些具有欧美留学背景的人则企望借鉴外来语言对中国的语言进行改造，因而出现了许多非常欧化的表达方式。就中国现代汉语的成熟完善来说，这些努力都是非常珍贵的。但是，真正使新生的现代汉语从古代汉语中出走，并吸纳了民间语言的丰富、生动的特质，使之成为一种既有古代汉语的节制、典雅，又有民间口头语言的生动、活泼，从而使现代汉语能够成为一种具有完整的语法体系、鲜活的表现力，以及体现民族语言特色的"现代汉语"形态，则是以赵树理为代表的作家们做出了重要的不可忽略的贡献。

就赵树理个人的创作而言，其早期也是走欧美语法特色浓重的路线。但是当他发现这条路难以被普通民众接受后，其语言表达发生了转化，开始更加注重民族语言与现代性的融合。他的语言生根于中国古代汉语与民间语言的丰厚土壤。在保持语言典雅品格的同时，至少从这样两个方面进行了努力。一是更多地吸收了民间语言的表达方式，使普通民众能够走进这样的语言，使用这样的语言。也正因此，他的语言表现出非常鲜活、生动的状态，使语言的活力大大增强，表现力得到了拓展甚至突破。二是他的语言在规范性方面进行了重大的努力。一方面剔除了民间语言、方言中粗俗的、生僻的元素，使之更加典雅、庄重，另一方面，他保持并强化了以北方方言为主的结构形式，使之在语法形态方面更加完善严谨。所以，今天我们读赵树理的作品，其语言的流畅、生动、鲜活仍然非常突出。可以说，在中国现代汉语出现、发展、完善的进程中，赵树理做出了不可跨越的贡献。当然，这种贡献不可能是他一个人完成的，而是在特定历史条件下，由包括他在内的一大批作家共同努力，并在一代又一代作家的接力中实现的。赵树理丰富了现代汉语的表现力，并使这种获得新生的语言成为广大民众自己的语言。这后一方面的贡献更为重要。因为如果一种新生的语言难以得到民众的认可，其生命力是非常值得怀疑的。可以这样说，如果没有这些作家的努力，中国的现代汉语很可能成为一种"精英"的语言。也就是说，很可能成为一种少数有"文化"的知识分子的语言。这不仅将使语言的普及受到阻碍，也将因为得不到大众的认可而导致中国现代化的迟滞。

　　山西的作家受赵树理的影响甚深。除了创作理念、题材选择等方面外，在语言的运用上也同样如此。这也就是说，从赵树理以来的几代山西作家不仅坚持了赵树理的创作方向，也共同为中国现代汉语的进一步完善、发展做出了努力。尽管今天我们可以说，这些作家个人的成就不同，在语言表达方面风格各异，但是他们有一个共同的特点，即在坚持语言的民族化方面都进行了非常积极的实践。进入新时期，随着改革开放的不断深化，各种创作观念竞相显现。山西作家虽然与全国的创作相比更多地表现出固守的姿态，但是新的创作手法、元素等也在自觉不自觉地借鉴当中。其中就语言表达的追求而言，大体表现出两种特点。一种是仍然坚持语言表达的民族风格，并随着时代的发展变化使之更加丰富生动起来。他们的语言，不仅缘于题材选择的民间性、地域性，以及人物、故事的原生性，更缘于吸纳了民间语言的鲜活元素，在叙述、描写等诸多方面更多地体现了植根于本土的语言活力。另一种虽然也注重题材的地域性选择，但在语言表达中更多地呈现出一种开放的意识，比较侧重吸纳外来语言中的合理成分。如修辞的繁复，语句的长结构，象征意象的频繁使用等等。虽然这两种追求表现出各自不同的倾向，但他们随着时代的发展而推动现代汉语不断进步的努力是一致的。

　　需要我们重视的是，山西作家在自己的创作中表现了中国文化的原生态及其变化。这种原生态不是指文化最初形成的形态，而是指数千年来一直呈现出来的未经现代化浸染、改变的文化。从某种意义来看，它已经成为生活在这样的历史环境中每一个人不自觉的潜在意识，并支配着人们的思想与行为。文学的表达虽然是语言与形象的表达。但是隐藏在语言与形象背后的却是生成这种语言与形象的文化。如果一种文学性的描写没有隐晦地展示出某种文化及其价值观，我以为就是一种表面性的甚或肤浅的描写。山西作家在自己的创作中表现出一个非常突出的特点，即对自己生活的土地、家园有一种执着的关注。而就山西这一地域来说，其文化又具有某种典型性。这就是生根于黄土高原的农耕文化。在中国现代化的进程中，一个非常艰难的任务就是要改变这种文化，使之蜕变为一种新的文化：现代化。这一过程是非常艰难的，也是非常痛苦的。数千年的农耕劳作，已经形成了一种自足的完善的文明体系。但是，就在这种文明体系达到顶峰的时刻，我们突然发现她已经不能适应现代化的要求。于是，开始不自觉地改变自己。这一过程伴随着战争、灾难、屈辱、失去国土与家园等等。在经受这种外在考验的同时,还有我们内在的情感、思想、精神等诸多方面的考验。一方面,救亡与重生成为一种时代的必然使命。另一方面,精神与文化的重建、新生也面临着更大的挑战。就前者而言,山西作家的创作并不是真正的重点。而后者却是其在描写社会变革进步中隐藏的中心。山西是中国最早开始工业化、现代化建设的地区,但是我们很少能够看到山西作家所描写的这方面的作品,而曾经作为抗日战争敌后根据地中心的山西,实际上也没有太多的文学作品来表现。反倒是有许多作品在这样的社会背景下来描写当时的人们如何生活,并参与了这一影响世界文明进程的历史。可以说,这些作家们表面上看起来对社会变革更关心。但是一到拿起笔的时候,就情不自禁地流露出他们对于特定文化及其价值观的不自觉的关注。这实际上成就了他们,也局限了他们。如果就当代文学而言,最早的表达在于农民群体的觉醒。他们感受到了时代的变化,并参与、推动了这样的变化。比如小二黑,虽然具有了杀敌英雄的身份,但作家所要说的却是旧的文化观念,以及由此形成的生活方式对人性的伤害——当然是从爱情的角度切入的。作家的贡献不仅在于表现了时代变化中人性尊严的重新确立,更重要的是,作家生动地再现了这种旧的文化制约在人们劳动、生产、生活、情感,以及社会关系诸多方面的表现。也就是说,作家不是把一个关于追求自由恋爱、自主婚姻的故事作为一种孤立的现象展示出来,而是生动地表现了这种文化观念在旧的生活方式中的普遍性,以及其荒谬性。也就是表达了必须改变这种文化观念的必然要求。这当然是非常符合时代需要的,也是中国在现代化进程中必须跨越的。在山西作家的创作中,相当多地表现了劳动者——当然主要是农民,以及农民出身的、具有农耕文化背景的其他身份的人们对劳动的热爱,对土地的执着,对家庭的重视等等。从历史的层面来看，这些内容都构成了农耕文明的重要组成部分，也是这一文明能够发展、生长的原动力。但是从时代的要求来看，这种文化又成为那些最终必然要离开土地，不再是农民的人们内心世界与精神领域的时代痛苦。比如在改革开放之后，工业化的浪潮漫卷一切。在最具现代化特点的大型露天煤矿当工人的吴福却难以适应这种快节奏的标准化的生活方式。他无限怀恋地回到了自己的家乡。但是家乡已经不再是曾经的家乡，吴福也不再是过去的吴福。他身跨两界，无所归依，内心充满了痛苦。这是一种时代转换、文明更替的痛苦，是一种具有重大典型意义的内心再现。而在现代化程度日益加深的历史时期，农村也已不再是传统意义的农村。农民也不再是仅仅从事农业生产的农民。更大的市场与财富吸引了更多的农民，城市成为新的生活中心。虽然从某种意义来看，城市化可以作为现代化程度的一种标志。但是城市化也同时带来了传统文化的消失、传统生活方式的改变，以及传统人际关系的新建。老甘，这个仍然坚守在内心世界的"过去的农村"中的农民，痛苦地怀恋着昔日活色生香的农村及农村的生活。但是，过去的一切似乎已经义无反顾地过去了。他的农村已然不再。如果说这样的农村随着市场化程度的提高有新生的希望的话，也与过去的农村大不一样。老甘的痛苦同样是一种时代的痛苦，是我们在走向现代化进程中不可回避的痛苦。当然，山西的作家也描写了这种进程中人们的希望、新生，以及由此而来的快乐、自信。宋老大进城送公粮时那种发自内心的自豪感、主人感，那种终于直起了腰板的幸福感将永远感动我们。而在首都打工并学会说普通话的小雪也动人地透露出新一代农民美好的未来。

　　山西的作家们也企图从比较宏大的层面来揭示中国文化的品格，以及由此而反映出来的中国精神。这些描写不在意于对现实生活具体人事的再现，而是企图通过某种具象化的人事具有隐喻意味地表达作家对民族性的理解。他们营造的人物生活环境不太具体,而是具有某种概括性,超越了具体的、实指的时间、空间。其中人物的行为,以及由这种行为所表现出来的文化内涵、价值选择体现出一种超越了具象的恒久性。由此可以使我们领略一种民族的生存状态与价值操守。其中的一部分作品甚至具有进行人生意义、价值意义探求的哲学性努力。这时,作家关注的不再是现实生活中具体的人事,以及其中透露出的社会文化内涵,而是超越其上的价值追寻。在临危受命的戴夫人身上,作者赋予她民族人格最为优秀的内涵。她不仅具有一般人所可能具有的大局观,以及人性的智慧,而且作为生命个体,她具有了一种古人所言的"浩然之气"。她在漫长艰难的商旅途中,没有感受到生命的渺小,而是站在太行山顶吟诵前人的诗篇。她感受到的是生命的博大、伟岸,以及大自然的神奇、浩渺,是一种天人合一、物我两忘的至高境界。这不仅是她个体生命的壮美华章,也是民族文化中价值体系的完美内化。张马丁的遭遇则从另一种角度表现了不同文化短兵相接所引发的一系列事件,以一种宏阔的视野描写了文化境遇背后各异的价值体系之间的交锋、错位、融合。还有许多作品通过对具体人物生命境遇的描写,表现了具有历史意味的在潜意识中特定价值观支配下的民族精神世界。

读山西作家的作品,事实上也可以看到中国从农耕文明的顶峰跌落到重新崛起,实现现代化的历史进程。在当代文学中为数不多的抗日战争题材的作品中,我们可以看到以中国北方农民为主的人们如何从屈辱中觉醒、抗争,并取得了历史性意义的胜利。抗日战争的胜利,不仅仅是军事的胜利,而且是中华民族在经历了无数的失败、屈辱之后终于走向独立、自主,重新以一个文明民族的形象自立于世界民族之林的标志;也是中国在经历了种种探索,尝试了不同发展道路之后,终于表现出走向正确发展道路,迈出实质性转型步伐的标志。

尽管一直以来我们都有这方面的创作，但是具有宏观性、历史深刻性的作品还不多。新中国的建立是中华民族终于在百余年的努力之后有了自己独立政权的大事，也是中国开始以超人预料的成就向现代化迈进的起点。山西的作家以自己敏锐的笔触描写了这一关键时刻中国普通人内心世界的喜悦、自豪，以及对未来的憧憬。还是在1949年10月1日，诗人高沐鸿就创作了诗歌《这是我们人民自己的胎生》，为新中国的建立而欢歌。之后的一系列文学作品生动地表现了站起来的普通民众内心世界的巨大变化，特别是其人格世界的变化。他们实实在在地感受到了新社会的进步，以及当家做主的自豪。他们不仅在经济上得到了解放，在政治上得到了翻身，而且在精神世界上发生了积极的蜕变。一个新的时代带来了新的发展与进步。也正是这些作品成就了这个新文学史上一个最具典型意义、产生重大影响的文学流派——"山药蛋派"。他们有共同的创作追求，有共同的题材选择，有以赵树理为代表的领军人物。这个流派出现的意义，不仅仅是属于文学的，更是属于中国文化的。他们在尊重并表现中国优秀传统文化价值观的前提下，呈现在这种价值体系影响下中国民众，主要是农民如何生活、生产、思考、发展。读这些作家的作品，不仅使我们能够了解到特定历史时期中国发生的事情，而且将使我们了解中国人是怎样的一种生活方式，中国人在新的历史时期发生了怎样的变化。在20世纪70年代末、80年代初，山西的作家们非常敏锐地感受到时代将要发生的巨变。这种感受不是源于理性的分析研究，而是源于他们对现实生活的关注与热爱，是他们从具体的生活中感受、发现了时代变革的动力。其中有他们对极"左"路线的批判，以及对中国变革发自内心世界的呼唤。这首先是已经成名的一批被称为"老作家"的人们走上了历史的舞台。而另一批将在中国文学园地表现出勃勃生机的作家以自己的敏锐发现了生活的变化。至20世纪80年代中期，以《当代》发

表一组山西作家的作品为标志，文学"晋军崛起"成为中国文坛的一个重要事件，引起了广泛关注。这批作家一进入文坛即表现出不俗的活力，显得生龙活虎，风生水起。他们首先成为对极"左"路线的批判者。通过一系列生动的、充满生活意蕴的人物形象来揭示中国曾经走过的弯路，以及即将出现的变革。而后，出现了一系列呼唤改革的优秀作品。一些小说被改编为影视作品，在当时传媒欠发达的条件下产生了极大的轰动效应，甚至有万人空巷之叹。其中的朱克实、李向南、李高成等成为新的历史条件下拨乱反正、推进改革的典型人物。这些作品既是文学的，更是时代的、历史的。它们表达了中国人内心深处希望变革的期待，也呼唤着一个新的历史时期的到来！

中国的改革是中国从传统的农耕文明出走，迈向现代化的重大事件。随着改革开放的不断深化，中国表现出强劲的发展态势。同时，也遇到了许多需要解决的问题。一方面是现代化程度的不断提高，另一方面是这一进程的艰难演进。一个时期，那种充满浪漫主义色彩的乐观情调被现实生活中的艰难前行所生发的复杂性代替。改革并非一帆风顺，充满了困惑、曲折，有许多困难需要智慧与勇气来克服。这一时期，山西的文学创作沿两条主线展开。一方面是直面现实，表现新的发展时期人民的智慧力量，及时代的进步，如农村改革，国企改革，全球化背景下的商业博弈，以及反腐倡廉、环境保护、民主选举、基层生活、重大事件等等。总的来说，山西文学表现出社会的艰难进步，这种进步首先是积极的、正义的、人民的力量战胜了消极的、不义的、损害人民利益的力量。同时也表现出了中国传统社会在时代的发展进步历程中逐渐变化：如传统农村的式微与新盛；农村人口向城镇的转移；土地的工业化、商业化等等；商品经济的蔓延，城镇化的发展；以及身处其间人们内心世界的彷徨、痛苦、选择；人对土地以及建立其上的生产生活方式的依恋；对改革进程中传统国有企业的情感等等。从这些作品中，我们可以观察、感受到中国正在发生的翻天覆地的变化。另一方面，许多作家企图从超越现实的具有形而上意味的层面来探求中国的民族精神。一些作品甚至具有了某种哲学性品味。他们可能借助于某一历史事件，或者设计一个与现实生活隔离的故事来表现自己理解的民族精神。这一类作品可能表面上与现实生活没有直接的关联，但是对我们认识民族文化、民族品格具有积极的意义。事实上这些作品为我们提供了一种思想文化资源，是对现实生活中剧烈变革引发人的价值观的迷茫进行的某种文化性指引。它不涉及现实问题，不为我们思考感受现实生活提供具体的形象。但是，为我们提供观照现实、解决现实问题的精神力量、价值选择和思想资源。这其中也有一个如何认识人生、如何认识民族、如何面对个人价值的问题。

总之，不论是对现实生活的直接表现，还是以隐晦的笔法对现实生活提供精神资源，都可以看到山西作家对社会生活、人生价值的一种积极的态度。他们试图以自己的描写来表达某种具有积极意义的思想内涵，为今天的人们提供精神力量，以推动中国社会的发展、进步，以及在历史蜕变中人的完善。这些努力也可以视为是在现代化进程中对民族精神的一种回顾与追寻。读山西作家的作品，可以使我们从一个侧面感受到中国走向现代化的历史进程。

山西作家在艺术创造上也进行了积极的努力。就山西文学的当代面貌来看，表现出一种从一元向多样的发展态势。当代山西文学受以赵树理为代表的"山药蛋派"影响甚重。一代一代的作家不仅受到这一流派作家关注现实生活、关注社会民生的创作理念的影响，而且在表现手法上也多承续这一流派。因此，直至改革开放前，山西文学基本呈现出一种"山药蛋派"式的一元状态。但是，进入改革开放的新时期后，这种局面开始发生变化。一些人更注重语言描写、心理表达等等。不同于"山药蛋派"风格的作品开始大量出现。首先是题材选择表现得更加多样，其次是表现手法更加多样，再次是创作观念也呈现出多样化的格局。山西文学终于形成了从一元走向多样的创作态势。那些坚持以农村为主要创作题材的作家们也积极地吸纳了其他的表现手法，使农村生活的表现领域大大拓展。另一方面，山西也出现了典型的所谓"现代派"小说。心理结构、借鉴侦探小说手法的"悬念"结构、无情节结构、意象结构、寓言式结构等等次第登场，宏大叙事与个人化叙事并存一体。这些作品有的已经产生了比较大的影响。无论如何，他们都是山西作家对文学自身进步的积极探索。

从某种角度来看，山西文学似乎为我们呈现出了中国走向现代化的百年变迁史。这不仅表现在人们广为关注的小说创作之中，同时也更加丰富地表现在文学的其他领域，如诗歌、散文、戏剧，以及逐渐从散文文体中独立出来的报告文学及传记文学之中。当我们追寻这种变迁的历史时，不能割断由山西而表现出来的中国五千年文明史。山西是华夏文明的主要发祥地，从远古以来，这一文明代代相传，承续不绝，其中涌现出众多的仁人贤士。作为个人，他们有自己所处的具体的历史环境、成长条件，对人类文明的进步做出了自己的贡献。但是，作为一种文化现象，他们似乎勾勒出中国文明发展进程的历史脉络。在他们身上体现了中华文明的历史贡献、价值选择，以及思维模式。对他们进行研究，并用传记的方式表现出来，使今天的人们了解并感受他们所具有的闪光的人文价值，不仅对今天的改革发展具有积极的意义，对我们现代化进程中的文明重建同样具有非常重要的意义。这将首先使我们看到历史发展进程中文化的影响力，进而使我们能够进一步确立文化的自信心与自觉性。在这些如星光一般闪烁的先人身上，我们将体会到中华文化的魅力、价值和绵延不绝的生命力。承续山西文学的精神品格，创作出新的能够表现时代精神的优秀作品，是我们这一代人的使命。而对五千年文明发展进程中那些曾经做出突出贡献的英杰才俊进行文学式的描述，也将是我们传承民族精神的一种努力。因此，组织编辑出版山西文学"双百工程"，有着非常积极的现实意义。

这一"工程"包含两个序列三个方面的内容。一是"百部长篇小说"，其中一部分是已经发表出版并产生了较大影响的现当代小说。通过集中编辑出版，可以使我们比较全面地回顾审视山西文学某一方面的成就与贡献。另一部分是新创作的长篇小说。其目的是推动山西长篇小说的不断繁荣。把它们列入这一工程，即是对文学发展的新推动，也可以延续已有的成果，使人们看到山西文学创作的最新成就及更加生动的面貌。二是"百部山西历史文化名人传记"。山西的报告文学近些年来表现出非常活跃的态势。不仅参与创作的作家比较多，出现的作品比较多，而且产生的影响也比较大。其中一些作家应该说是中国报告文学领域的领军人物。同时山西也是华夏文明的重要发祥地，在五千年的文明发展历程中涌现出许许多多的对中华文化发展进步做出重大贡献的英杰先贤。以传记的方式把这些先人在中华文化发展进程中的贡献表现出来，有助于我们重新认识中华文明对人类的重大贡献，有助于我们进一步追寻中华文化的精神、操守、品格，并使我们从先人的风采中找到自己前行的楷模和动力，激励我们推动中国的改革发展进步。所以，这也就成为我们的一种责任。相信通过这一努力，既将促进山西文学的进一步繁荣，也将进一步增强我们的文化责任，重塑我们的文化形象，展示中华民族在漫长发展历程中表现出来的精神力量与智慧，为实现民族复兴的中国梦做出积极的贡献。

目 录

卫青、霍去病所处的政治时代（一） ……………001
  不拘一格降人才 ……………003
  削弱丞相权力，加强中央集权 ……………007
  儒法并举、重用酷吏 ……………009

卫青、霍去病所处的政治时代（二） ……………014
  神秘主义与巫蛊之术盛行 ……………014
  外交开疆扩土、新政锐意革新 ……………018

马背上的民族——匈奴 ……………023
  匈奴帝国的建立 ……………023
  汉匈的"战与和" ……………030
  马邑之围 ……………036

生于奴家　终成将军 ……………040
  初入宫门 ……………041
  直捣龙城 ……………045
  雁门大捷 ……………051
  收复河南 ……………052

拜大将军	058
六次出击	063
寻找主力	064
七击匈奴	066

骠骑将军　霍氏之光　072

比再冠军	072
河西之战	074
封狼居胥	077
英年早逝	081

卫青、霍去病战事考　086

军事制度	086
骑兵的养成	090
骑兵战术	094

战场的勇士　朝野的中庸　100

对养士之风深恶痛绝	102
请辞分封三子	104
为李敢射杀自己隐晦	105
尊重直臣汲黯	106
不擅杀部将	108
以五百金讨好王夫人	110
常为士卒先	111

青年之光　英年早逝　114

顾方略何如耳，不至学古兵法	116
匈奴未灭，无以家为也	116
射杀李敢	117
酷爱蹴鞠，不体恤下属	118

去病不早自知为大人遗体也 …………………… 120
　　请封三王 …………………………………………… 122
英雄背后的英雄 ………………………………………… 125
　　李　广 ……………………………………………… 126
　　公孙贺 ……………………………………………… 133
　　公孙敖 ……………………………………………… 135
　　其余重将 …………………………………………… 137
　　赵破奴、路博德 …………………………………… 139
英雄背后的谋臣 ………………………………………… 142
　　经济专家桑弘羊集团 ……………………………… 143
　　外交专家张骞 ……………………………………… 150
英雄背后的美人 ………………………………………… 156
　　平阳公主 …………………………………………… 159
　　陈阿娇 ……………………………………………… 164
　　卫子夫 ……………………………………………… 167
鲜血和尸骨堆积出来的丝路 …………………………… 173
　　丝绸之路的开辟与畅通 …………………………… 174
　　西域各国与汉族互通有无 ………………………… 183
煮酒论英雄 ……………………………………………… 187
卫青传略 ………………………………………………… 195
卫青年谱 ………………………………………………… 199
霍去病传略 ……………………………………………… 201
霍去病年谱 ……………………………………………… 204
参考书目 ………………………………………………… 206

卫青、霍去病所处的政治时代（一）

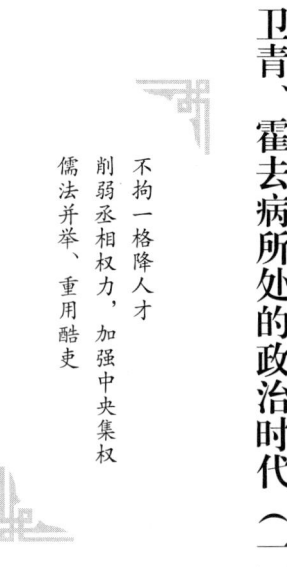

不拘一格降人才

削弱丞相权力，加强中央集权

儒法并举、重用酷吏

　　卫青、霍去病兴起于一个贵族阶层陨落、平民阶层崛起的时代。西汉始于汉高祖刘邦。刘邦出生草野，打败了身为贵族的项羽，当他南面称帝的时候，也是历史上贵族精英陨落的标志。项王乌江自刎，代表着贵族阶层的衰落和古代分封制的永远结束。秦灭六国，始皇登基，尚存一丝贵族血统，然而秦国在战国时期也是被贵族文化中心地楚国所排斥的，如今秦统治六国，贵族精英们自然心里不是滋味。始皇好大喜功，操之过急，君逼民反，陈胜吴广揭竿而起，贵族们的富国梦再次觉醒。西楚霸王一世英雄，收复失地，大有一统天下的征兆，无奈半路杀出一波皮无赖式的平民英雄，残存的贵族文明败北于平民文化，妥协退让于平民的进取。

　　每一个新兴的朝代都需要有服务于自己统治的人才体系，经历过文景两朝的休养生息，素有雄才的汉武帝忍不住要大干一番。揭竿而起的朝代信奉"王侯将相宁有种乎"，武帝要自己一个人说了算，但是贵族的将相们哪个不是根深蒂固，哪个能完全听命于他？他受够了身为皇族的岳母馆陶公主和皇后陈阿娇的苦，也为舅舅田蚡的精明和势力而担忧。于是选人用人的标准便开始有了不拘一格降人才的倾向，丞相公孙宏起于市，御史大夫儿宽、朱买臣等人都是贫苦农民出身。大量提拔平民阶层官员成为武帝一朝的政治特色。恰好卫青、霍去病的出身正好符合武帝一朝的用人标准，如果他们出身富贵、背景深厚的话，是否能够得到重用，尚在两可之间。

外戚发家，是偶然也是必然。军权是皇帝最重视的权利，西汉皇帝的宝座是马上夺来的，故而皇帝绝不会让兵权掌握在外人手中。而刘姓兄弟经历过"七王之乱"的祸端之后，也成为天子最不信任的人；能信任的只有外戚，而且是没有丝毫根基的外戚，故而卫、霍的宠信由此而来。虽有因女主显贵的原因，但究其本意还是顺应了武帝时期的用人政策，可谓天时地利人和都占尽了。他们荣登历史舞台，迎接一个新时代的到来。旧的贵族阶层陨落了，新的平民阶层得以封侯拜相，封建王朝的历史开始出现第一次大扭转。这种转变是历史进步的一种表现。平民得以入朝为官，广大百姓有了扭转乾坤的指望。

文明的进程总会有一些重要的历史节点，无论是征伐还是变革，都会选择一些人作为这个节点的支配者。很明显西汉的历史把这两个节点分别给予了汉高祖刘邦和汉武帝刘彻。刘邦结束了精英政治的统治，但是新的统治体系并未产生，而这一任务就落到了汉武帝刘彻的身上。历史总是给有准备的人机会，刘彻就是这样一个准备充分的人，所以他得以大展宏图，在他理政时期社会发生了翻天覆地的变化，他与秦始皇一样成为史册里"雄武"的象征。

汉武帝是一代风流人物，毛泽东对汉武帝的评价是"秦皇汉武，略输文采"，这个评价比较中肯，汉武帝除了文采略微差一点，在政治手段和军事才能方面，历代帝王都没有出其右者。司马迁在写武帝本纪的时候，重点从汉武帝封禅的这一件事情出发。他对武帝的评价为："余从巡祭天地诸神名山川而封禅焉。入寿宫侍祠神语，究观方士祠官之言，于是退而论次。自古以来用事于鬼神者，具见其表里。后有君子，得以览焉。至若俎豆珪币之详，献酬之礼，则有司存焉。"大意为谴责汉武帝爱好奢侈华丽的排场，尤其敬重鬼神等事。太史公对孝文帝的评价为："汉兴，至孝文四十有余载，德至盛也。廪廪乡改正服封禅矣，谦让未成于今。呜呼，岂不仁哉！"司马迁称赞了汉朝自建朝开始四十年实行黄老之治所取得的兴盛局面，而文帝能够暂缓乡改、正服、封禅等事宜，是一种仁政的表现。太史公对孝景帝的评价为："汉兴，孝文施大德，天下怀安。至孝景，不复忧异姓，而晁错刻削诸侯，遂使七国俱起，合从而西乡，以诸侯太盛，而错为之不以渐也。及主父偃言之，而诸侯以弱，卒以安。安危之机，岂不以谋哉？"司马迁对于汉景帝没有太多的个人方面的评价，只是道出文帝时对天下施以德政，民间一片和乐景色。到了孝景帝时，重用晁错削弱诸侯势力，因为用力过急过猛，便出现了七国之乱。可见在司马迁的心目中对于实行无为而治的文帝是充满了钦佩之情的，但是对于锐意进取，喜欢专制、重用酷吏、对外征伐的景帝和武帝便没有什么好感了。

不过所谓仁者见仁、智者见智。荀悦在《汉纪》中表述了对汉武帝一生功绩的颂扬："孝武皇帝，规矩万世之业，固后世之基地。内修文学，外耀武威，以延天下之士，先王之风粲然可考者矣。"

那么让司马迁倍感失望，让后世又浓墨重彩评价的汉武帝一朝的政局究竟有哪些特点呢？

不拘一格降人才

在中国政治史上，两汉的外戚之祸，是和唐代的宦官之祸同样著名的。据统计，两汉共经四百多年，有二分之一以上的时间，政权是操纵在外戚手里的。外戚的权势膨胀到顶点的时候，可以废立皇帝，可以实行篡窃，但一遇到皇帝或宦官和外戚发生冲突的时候，外戚也往往遭灭门之祸。王权、外戚、宦官三种力量的互为消长，造成了两汉政潮的起伏。

汉武帝时代，是王权兴盛的顶点，外戚绝不能冒犯王权，宦官的力量，也远未能干预政治。全国的军政大权，集中于"雄才大略"的汉武帝一人之手。王权至上、王权第一，这是卫青、霍去病两人所碰到的政治环境，他们就是在这种政治环境中，参与了汉武帝一朝的政治活动。

在汉武帝刚刚即位的时候，外戚的权势还很大。窦婴和田蚡两人，同以外戚的关系辅政，窦婴是汉武帝的祖母窦氏的从侄，景帝时，拜大将军，平吴楚之乱有功，封魏其侯，从此盛养宾客，权势日盛。汉武帝建元元年，代卫绾为丞相，可以说是外戚兼元老。田蚡是孝景帝的皇后王氏的同母弟，王皇后的母亲名叫臧儿，最先嫁了王仲，生两男两女而寡，又改嫁长陵田氏，生田蚡田胜。她所生的长女，本来也已经出嫁为金王孙妇，她因为听信卜筮之说，相信她的"两女当贵"，又把长女硬从金王孙家夺回，纳入太子宫，太子幸爱之，生三女一男。这位太子，就是后来的汉景帝，由金王孙妇变为太子妃的王氏女，便是王皇后，她所生的男孩便是汉武帝。汉武帝即位之后，田蚡便以母舅的身份，被封为武安侯，田胜封为周阳侯。从此，田蚡以外戚身份，大摇大摆地走上了政治舞台。田蚡的政治野心是极大的，他想在政治舞台上独步一时，便开始植树党羽，推荐很多有声望的人物到皇帝左右。因此，他的声誉和政治地位日渐高涨，等到汉武帝建元元年丞相卫绾免官的时候，他已经成了丞相候选人。

后来，因为窦婴的资望高峻，窦婴当了丞相，他自己则成为和丞相地位相同的太尉。他们二人，都好儒术，让好黄老之术的窦太后（即武帝祖母）非常忌讳，后因他们所推荐的御史大夫赵绾请求窦太后不要再问朝政，惹得这位掌握着实际政权的老太后大怒，便把赵绾、窦婴、田蚡等一齐赶下了政治舞台，赵绾自杀，这是建元二年的事情。

这位窦老太后，是汉初政治舞台上一个超极重要的人物，她在汉文帝时已经失明，仍实际支配了景帝一朝和武帝初年的政治，她死于建元六年，距离她为皇后，已有五十一年。她是一个黄老信徒，因而汉景帝和她的弟侄辈也都得念老子的书，并尊奉黄老的道术。汉武帝在学术思想上，本来是反黄老而崇儒术的；在政治主张上，是要改制的；在军事主张上，是要进攻匈奴的。但在初即位的六年间，因为有这位老太后的阻挠，他便丝毫不敢造次，直等到窦太后离世以后，实际的政权才落于汉武帝之手。从前被窦太后免官的田蚡，也马上恢复为丞相，窦婴的政治地位，却日见低落了。

窦婴衰落以后，作为武帝亲舅舅的田蚡也不可能一直风光下去，武帝是不会让吕氏专权、窦氏掌政的局面再出现在自己的朝廷之上。同时田蚡的日常生活也奢侈到极点，史书上记载他："治宅甲诸第，田园极膏腴，市买郡县器物相属于道，前堂罗钟鼓，立曲旃；后房妇女以百数，诸奉珍物狗马玩好，不可胜数。"(《前汉书·窦田灌韩传》)这也为他日后和窦婴的交恶埋下了隐患。

元光三年的夏天，田蚡娶燕王女为夫人，张筵庆贺，在喜筵席上，窦婴好友灌夫因骂坐不敬被缚。后来，经窦婴营救无效，灌夫遂被族诛，窦婴也因力救灌夫之故，弃市渭城。到第二年的春天，田蚡也病死了。汉武帝本来就不很满意田蚡，只因受了王太后的压迫，才肯把窦婴处死。后来，汉武帝又发现了田蚡生前曾与后来谋反的淮南王有勾结，更深恨田蚡，并且说："如果武安侯不死，他也要被族诛了！"

田蚡的专横，以及一些由于窦婴和田蚡的冲突而引起的政治纠纷，都使汉武帝对外戚产生了强烈的政治戒心。再加上自己继位初期长期受制于祖母窦太后和母亲王太后，素有雄心的汉武帝将外戚视为自己最不可信任的力量之一。所以后来即便军功累累的卫青和霍去病也仅仅是战场的英雄，在朝堂里没有多少话语权；李夫人的哥哥李广利在出征失利时，害怕汉武帝责罚投降匈奴；卫子夫虽贵为皇后，却也终日战战兢兢；太子仅因为江充一介小吏的诬陷便招来杀身之祸；他晚年的宠妃赵婕妤仅仅因为武帝害怕子幼母壮，造成外戚专权，便以莫须有的罪名被处死，可见汉武帝是何其的冷血，对于外戚又是何等的多疑。

既然外戚都不可用，而刘姓子孙在经过七国之乱后，武帝采取了晁错的推恩令，削弱了各个藩王的势力，刘姓的子孙也便无法重用了。那么负责整个王朝运作的官吏从哪里来？从我们前面所说的文明的进程来看，旧的精英贵族随着项羽的乌江自刎也已经消逝了，新的刘姓贵族和吕姓贵族也没有培养起来，所以武帝一朝依然沿袭并且发扬光大了秦朝的察举制度，不论出身选取天下的有才之士为他所用，真正地实现了不拘一格降人才。在唯才是用的政策之下，汉武帝一朝出现了极为强大的文武两个阵营，著名的文官集团有"儒雅"公孙弘、董仲舒、倪宽，"笃行"石建、石庆，"质直"汲黯、卜式，"推贤"韩安国、郑当时，"文章"司马迁、司马相如，著名的武将集团有大将军卫青、骠骑将军霍去病、飞将军李广等。

这些人物，都是不世出的"非常之才"，却能萃集于武帝一朝，这一方面是由于武帝巩固国家统一和加强国防安全的伟大号召，深为富有国家民族观念和进取精神的时代青年所向往，一方面也是由于他能知人善任，这批人才中间，有不少是出身微贱，经过武帝特别提拔才能身居显要的，例如卜式拔于刍牧，弘羊擢于贾竖，卫青奋于奴仆，日䃅出于降虏，后来都成了国家的文武大员，可见汉武帝是善于选拔人才和使用人才的。正是因为凭借了这批新干部的努力，汉武帝才有了"兴造功业，制度遗文，后世莫及"的成就。同时，这批优秀干部也正是因为汉武帝领导有方，才能达成每个人卫国保民的宏愿，可谓明主贤臣，相得益彰。

削弱丞相权力，加强中央集权

汉代的国家政治体制，除了在地方设置王国、侯国以外，其他都承袭秦制。虽然存在从郡县制向郡国制的转变，但汉帝国实际上是秦帝国的传承者，在中央实行的是我们所熟知的三公九卿制度。西汉的中央官制经历了以下三个时期的变革，景帝时期、武帝时期以及任用王莽进行改制的成帝、哀帝时期。在阐述这些变革之前，让我们先研究一下汉初中央机构的特点。

三公包括丞相、御史大夫和太尉。中央朝廷的最高官职为丞相，负责统领以民政为中心的所有政事。同时，在制定国策时，丞相还负责主持朝议，将朝议中群臣商定的政策上奏给皇帝最后裁决。朝议是皇帝处理政务不可缺少的环节。当年刘邦称汉王时，任命萧何为汉国丞相，到了楚汉争霸时期，关中地区的民政就都由萧何管理整治。刘邦称帝后，丞相一职仍由萧何担任，高祖十一年改称为相国，其地位也变得更为尊贵。秦朝时中央设左右丞相两员，高祖时仅设一员丞相，之后的惠帝、吕后时期恢复左右两丞相，汉武帝时期则重袭高祖时代一员丞相的制度。除以上职责外，丞相还负责管辖自己的行政官府，即丞相府。武帝时丞相府的官吏人数达到382人。

丞相之下的官职为御史大夫。通常认为御史大夫执掌监察，但实际上，监察百官民众是御史大夫的属官御史中丞的职责。御史大夫则负责统辖御史府，起草诏命文书，作为皇帝近臣将经过皇帝裁决后的政策传达给丞相。后来，御史大夫承副丞相之职，丞相的政务也可由其代理。

执掌汉帝国军事事务的官职为太尉。刘邦称帝初年，命卢绾担任太尉。不过，从分封卢绾为燕王后直至高祖十一年任命周勃为太尉的这一段时期，太尉的设置情况尚不明确。在汉高祖之后的中央机构里，太尉一职也是时置时废，其正式废止是在汉武帝初期。

素以有为著称的汉武帝在继位以后，不断加强自己的独裁统治，其表现就是削弱丞相的权力。汉代不拘一格降人才，让诸多平民百姓非常欢喜，说不准哪一天好运降临到自己头上便可以入朝拜相，鸡犬升天。譬如在海边牧猪的公孙弘以八十岁高龄履及相位，成为众多出身乡鄙之人奋斗的楷模。汉代初年的丞相特征一是人数众多，二是有不少出身行伍。出身行伍者任相，大多是因为战功卓著，这是从汉朝开国就有的，所谓"出将入相"。丞相人数众多，一是出于政务需要，二是更迭频繁，一任丞相在相位上待不了多长时间，就被撤职或杀身，不多时就有一副新面孔冒出来，仿佛走马灯似的。丞相职位尚且如此，其他职务便不言而喻了。

武帝一朝的丞相表现出来的特质是在政治上都少有建树。诸如他的首任丞相卫绾，史书记载其为人笃厚谨慎，讷口少言，循默有余，这估计有点夸大其辞，但是在卫绾担任丞相的四年里确实乏善可陈。第二代丞相许昌因为是窦太后所任命的，所以事事都听从窦太后的指示，没有什么作为。建元六年，窦太后崩，丞相许昌、太尉庄青翟因"坐丧事不办"，被武帝免职。就连最著名的丞相公孙弘，也仅仅是因为善体上意、谦恭礼让，才终能封侯拜相，同时因为他年事已高，最终病死在丞相任上。丞相石庆则是为人持重、不动声色、恭敬谨慎，进也不言，退也不言，实在是聊且备位而已。

为什么汉武帝时期的丞相都无所作为呢？我们翻阅武帝一朝的历史就能发现，在丞相一职善终的官员少之又少。许昌因"坐丧事不办"，被武帝免职；李蔡因被人告发，服毒自尽；庄青翟因张汤事件牵连，服毒自尽；赵周因酎金事件而气无所出，自杀而死；公孙贺被子连累，竟至诛族。诸如此类的事件，都说明了在武帝一朝丞相一职是高危职业。这也就不难解释，当公孙贺被任命为丞相时，非但没有高兴，反而十分惶恐。他顿首涕泣,不受印绶,最后惹恼武帝,不得已才接受任命。韩安国宁愿自驾车伤了脚,也不愿意担任丞相。由此可见在武帝一朝为臣,是一件危险而刺激的事情,为官为将者不仅要有过人的才华,还需要有善于揣度圣意的智慧,既要有盖世之才,又不能锋芒毕露,稍有不慎,便会招来杀身之祸。

儒法并举、重用酷吏

武帝一朝在治国思想上的选择正史上总结为罢黜百家、独尊儒术。武帝即位之初的建元元年就颁布过号召举荐人才的诏令,当时的丞相卫绾上奏,认为法家和纵横家的言论会扰乱国政,因此这些人不可被列入贤良的举荐名单之中。而他的这一主张也得到了武帝的认同,同时文景时期主张"无为而治"的道家思想也不被执着于创新的武帝采纳。这体现出汉武帝具有排斥法家官僚、重用儒家官僚的倾向。堪称武帝时期第一学者的董仲舒以及后来成为丞相的公孙弘,就是在这一时期受到举荐踏入仕途的。董仲舒是在武帝一朝出现的著名的儒家之集大成者,公孙弘也是一位学富五车的儒者。

公孙弘出生微贱,最初在故乡淄川国薛县(今山东省滕州市西南)担任狱吏,因犯法被罢免,在海边养猪为生。他刻苦学习《春秋》,因儒学学识被推举为贤良,当时已是六十岁高龄。后来他成为博士,被派遣出使匈奴,却因无功而归被免去职位。元光六年,他再次被举荐参加武帝的策问,根据儒家的思想写下了对策,论述理想社会应是尧舜之世再现的观点,成绩被评定为上上等,从此开始被朝廷重用。而此时的他已经年过70岁了。

董仲舒是广川(今河北省枣强县东北)人,幼时学习春秋公羊学,景帝时为博士，并广收弟子传授学问。他治学极为勤勉，据说达到三年未踏入庭院一步的程度。被推举为贤良，参加武帝的策问时，他阐述了灾异说，主张凡逢天下治乱兴亡，上天必先以灾难警示于人。同时，他还论述了根据财产录用官吏的方法不能获得贤人的观点，提出了向地方官员采取岁贡制的建议。根据董仲舒所写的对策，除了以往的"贤良文学取士"的举荐制度，又增设了孝廉这一根据儒家道德观来录用官吏的途径。

不论是公孙弘还是董仲舒，他们的才能都是以儒者的身份被认可的。这似乎体现出，在武帝即位之后儒学受到尊崇，学习儒学则能被录用为官吏。同时，建元五年置五经博士一事也反映出儒家学说在宫廷中被尊崇的现象。

然而，在当时的皇宫中却存在一股对于儒者持冷漠反感态度的势力。这股势力来自武帝的祖母，也就是文帝的皇后窦太后。她崇尚汉初盛行的黄老思想，厌恶儒家思想。建元六年窦太后去世，第二年孝廉制度开始推行。如此看来，儒学似乎在窦太后死后得到了武帝的推崇。但是，对于儒家官僚而言，在他们的前途上却存在比窦太后厌恶儒学更为棘手的难题，那就是真正的儒学在朝堂上并没有用武之地。

元光六年，第二次被举为贤良、对策夺魁的公孙弘再次被任命为博士，接着晋升为左内史，元朔三年登上了御史大夫之位。如此平步青云，在历史上实属罕见。而他飞黄腾达的诀窍就是绝不违抗武帝的圣意，在请武帝裁决政策时，他总是预备好两个方案由武帝取舍。而身为儒者的他还悄悄地学习了法律，并用儒家思想将其粉饰。可以说，他之所以可以平步青云，离不开的是精通世故的处世方法。但是，这种处世方法并不是他的个人发明，而是为了应对进入壮年期的武帝的专制性格，儒家思想无法处理紧急政局的压迫之下而形成的。

公孙弘出任御史大夫的那一年，正好是对匈奴战争如火如荼的时期。当时，朝廷围绕是否应在东方设置沧海郡、北方设置朔方郡的问题展开了论争。公孙弘认为这无异于白费国力，表示反对。针对他的反对观点，武帝命令朱买臣等人列举出十个问题来反证设置朔方郡的必要性，自然公孙弘被问得哑口无言。

不过，公孙弘事后表现得越发谨慎谦逊，此事不但没有触犯龙颜，反而被武帝重用，两年后的元朔五年，他终于登上了丞相之位。在此之前，从未有过列侯以外的人担任汉帝国丞相，因此公孙弘任丞相职位之前，事先被封为了列侯，号平津侯（领有六百五十户）。在这种情况下朝廷赐封的列侯，被称作恩泽侯，这成为以后历朝在任命非列侯者为丞相时的惯例。

他担任丞相三年多后，于元狩二年病逝，享年八十岁。其任丞相期间的作为，只有一事值得称道。公孙弘在丞相府设置宾馆，开东阁之门，乐此不疲地延请贤者论事。据说，他自己甘于粗食淡饭，把所有俸禄都用在了门下宾客身上。换言之在武帝时期作为御史大夫和丞相的公孙弘是在按照天子的理念行事，也正因为这一缘故，他才得以颐养天年。这反映出当时在国家发生重大事件的情形下，像公孙弘这样的儒家官僚已失去了用武之地。

另一位儒学的集大成者董仲舒在武帝一朝也不得志，他的"究天人之际，通古今之变"的学说只是在汉武帝和窦太后的斗争中发挥了作用，在这以后就被束之高阁了。同时董仲舒的主张掺杂了法家、纵横家"经世致用"等观点，与我们所理解的纯正的儒学相比，发生了很大的变异。

其实汉武帝最需要的并不是像公孙弘那样一味赞颂尧舜时代的儒家官僚，而是能够推行对匈奴战争政策，维持好国内治安并能够贯彻好新财政政策的优秀务实型官僚。这群官僚要无条件地服从皇命，忠实于国家法律，执法时决不掺杂半点私情。司马迁将这样的官僚称为酷吏，并在《史记》中为他们立了酷吏列传。

《史记·酷吏列传》记载了郅都、宁成、周阳由、赵禹、张汤、义纵、王温舒、尹齐、杨仆、咸宣、杜周共计十一人的传记。其中，郅都为文帝、景帝时人，其他十人均为武帝时期的官僚。

相对于这些酷吏，那些致力于以德行引导人民，安定人民生活的官僚被称为循吏。司马迁在《史记》中为酷吏立传的同时也立了循吏列传，不过，其中记载的人物全部是战国以前的人物，无一人来自汉代。后来等到班固著《汉书·循吏传》时，汉代的地方官才被载入史书中，但这些汉代官吏是宣帝以后的人物。在武帝时期无人被载入循吏列传这一点上，《汉书》与《史记》的循吏列传如出一辙。

酷吏并不是通过贤良方正或者孝廉制度而被举荐出的官僚。武帝初期的贤良方正制度，似乎是排斥法家、纵横家而重用儒家的。但是，制度虽然如此，酷吏仍旧代表武帝时期官僚制度的特色。

至今为止，人们都普遍认为儒学是在武帝时期成为国教，并受到推崇的。但是，假如酷吏是当时官僚的代表这一论点成立的话，那么，儒学在当时被国教化的观点就有必要被重新考虑。

《史记》酷吏列传记载的官员当中，张汤是一位代表性人物。张汤获得丞相田蚡赏识，被提拔成御史，执掌监察工作。田蚡是王太后之弟，也就是武帝的舅父。他爱好儒学，致力于儒者的任用。但是，即便这样，田蚡还是推举了与儒家相距甚远的法家之士张汤，这显示出法家官僚的任用顺应了时代的需要。

出任御史后，张汤首先审理了废除陈皇后的巫蛊案，之后被调为太中大夫，与赵禹共同负责制定律令的工作。在公孙弘出任御史大夫的元朔三年，张汤被任命为司法最高长官——廷尉。尽管担任御史大夫的公孙弘身为儒家官僚，但与他同时被重用的是法家官僚。担任廷尉时，张汤审理了淮南王、衡山王、江都王的谋反事件，迫使这些诸侯王全部自杀而亡，朝廷收回他们的封国，设置为郡，因此张汤的办事能力得到了当权者的赏识。元狩三年，张汤被提拔为御史大夫。这恰好也是新财政政策实施的第一年。

如上所述，这一年，三铢钱、皮币、白金被推陈出新，曾经作为少府财政来源的盐铁税收也被转交到大司农管理。元狩四年，盐铁的国营制度启动运营。这一系列新财政政策的制定与实施，都与才华横溢的财政官僚桑弘羊的参与有关。但是，要使这些政策生效，则必须有强有力的国家权力在幕后支持。就在此时，法家官僚张汤出任了御史大夫，丞相李蔡沦为摆设，换言之，汉帝国的政治事务几乎完全由张汤一人裁决。桑弘羊、东郭咸阳等策划的盐铁国营政策，都是在这位御史大夫的支持下强制推行的。

张汤的铁血政策遭到了从公卿到平民阶级的责骂，朝廷内外也酝酿着各种陷害张汤的诡计阴谋。然而，那些企图揭露精通法律的张汤阴谋的，最终都以失败告终。在张汤担任御史大夫六年后，有人等到了加害他的时机。当时有流言谣传，张汤为谋取私利，出卖情报给自己的旧知商人。于是，与张汤向来不和的朱买臣等丞相府中的三长史（长史为属官名称）便借题发挥告发了张汤。审判他的官吏是张汤过去的同僚赵禹，赵禹劝他说，想想过去因你而被判死刑的人不计其数，现在你也应该懂得分寸了，并劝告他自尽以善终。元鼎二年，张汤满怀冤屈，自尽身亡。虽然他被告发谋取私利，但其遗产实际上不过五百金，据说也都是武帝的赏赐。他死后，武帝哀其冤死，将朱买臣等丞相府三长史处以死刑。当时负有一定责任的丞相庄青翟也因此牵连致死。张汤死后，仍有许多像张汤一样的法家官僚层出不穷。这是值得深思的现象。

卫青、霍去病所处的政治时代（二）

神秘主义与巫蛊之术盛行

外交开疆扩土、新政锐意革新

神秘主义与巫蛊之术盛行

概观武帝时期的外征与内政，其时代特色呈现在我们眼前：在完善了强有力的政治体制的基础上，汉帝国启用举国之力来压制周边诸民族，同时加强对国内民众的统治，与此同时还有一种神秘的、类似诅咒之术的力量在社会中掀起了一股混沌而漆黑的漩涡。假若忽略这种力量，将无法理解汉武帝的思想及行为特征，以及与这一切密切相关的宫廷生活和民众的生活。

例如，即便是在不谈怪力乱神、排斥神秘性而重合理主义的儒家思想中，也有以下值得注意的地方。儒家主张仁、义、孝、悌的伦理是自然之理法、人类普遍的道德规范。但这种自然理法假若要成为普遍规律，则必须合乎天道。天不同于人们眼中所看到的天，它是主宰宇宙万物的绝对存在，是无法以视觉或听觉来把握的存在，能够被我们眼见耳闻的日月星辰的运行、风雨雷电的形态，都不是天本身，而不过是由天的力量而显示出的种种现象。天，存在于遥不可及的彼岸。由此可以说，以这种天道、天命为理论根据的儒家思想，是立足于神秘主义之上的。

上文曾提及，被誉为这个时代最伟大的儒家集大成者董仲舒在修春秋公羊学之际，发现了其中的灾异报应理论，也就是人们所熟悉的灾异说。《春秋》为"五经"之一，传说是由孔子编纂的鲁国史书，公羊则是用于解说它的传的名称。董仲舒在《公羊传》中发现的灾异说是指，当世间发生异变之际，上天定会事先降下灾难异象以作预兆。这种论说强调天所具有的神秘性，代表了当时儒家思想中存在的神秘主义。

然而，神秘主义假若不能表现为合理主义，就无法发挥它的效力。而体现了这个时代合理主义的法则就是阴阳五行说与三统说。

阴阳五行说，是战国时代邹衍为说明万物变化而提出的一种原理。阴阳说将世上存在的天地、日月、寒暑、明暗、昼夜、山川、男女、奇数偶数等，全部分为阴或阳，认为自然形成于阴与阳的调和之中。五行说则将万物的推移变化还原为木、火、土、金、水这五种元素加以说明。其中包括五行相克（相胜）说与五行相生说。五行不仅对应黄、青、赤、白、黑五种颜色，对应中央、东、西、南、北五个方向，对应春、夏、中、秋、冬五个季节，而且它们各自代表的王朝还具有相对应的五行之德，王朝也依照五德的推移顺序进行更替。

三统说则将历代王朝还原为黑、白、赤三统来加以说明，定夏代为黑统，殷代为白统，商代为赤统，在这三代之后，历朝历代就以这三统循环的顺序不断更替。这一思想，到了西汉末期被刘歆大加提倡，但实际上其思想原型早在董仲舒的时代就已经出现了。

不论是阴阳五行说还是三统说，假若从现在的观点出发，都很难将它们看作合理主义的法则。在那个时代，天力的神秘性具有合理性，阴阳五行说的合理性也无法脱离神秘性。因此汉武帝是一位极端奉行合理主义的有为者，也是一位热衷于长生不老的神秘主义者，史学界认为他和秦始皇有极大的相似性。窦太后去世第三年即元光二年，汉武帝巡幸了长安以西二百公里外的雍（今陕西省凤翔县），并举行了祭祀仪式。雍为春秋时代秦国的旧都，从春秋时代起，它就被当作祭祀天帝的场所，不过到了秦代，祭祀的对象变为四帝，即黄帝、青帝、赤帝、白帝。在此基础上，汉高祖又增祭黑帝，于是雍成为五帝的祭祀场所。这次祭祀以后，武帝把每三年巡幸一次雍、举行祭祀，定为宫廷例事。武帝不断走向神秘主义之路，五畤祭祀就是其发端。与此同时，他的身边也开始出现众多方士的身影。

方士是指练得神仙之术、能通晓奥秘的术士。当时，在东方的齐、燕两地有许多这样被称为方士的人物。他们被召入宫中为武帝讲解神仙之术，李少君、谬忌、少翁、栾大、公孙卿等就是这类人。方士们告诉武帝，供奉祠灶招致鬼神、化丹砂（朱砂，即硫化汞）为黄金，再将黄金器皿用作食器，就能长生不老；他们还进言武帝，若要与神仙相通，宫殿、服饰则也应仿照神仙样式；他们又怂恿武帝，应去东海中的蓬莱山求仙。结果，这群方士中还有人被赐予了将军称号。其中，栾大被赐予了五利将军、天士将军、地士将军、大通将军的军印，封为列侯，还娶了武帝的长女为妻，后来又被授予天道将军的军印，一人独冠五个将军头衔。而李广等战将征战一生也未封侯。但是，由于供奉祠灶最终也没有得到黄金，少翁和栾大以行欺诈之术的罪名被判处了死刑。

元鼎二年，武帝为了与神相通，又在未央宫的城阙内筑起了高达五十丈（115米）的柏梁台，并在那里建造了神仙像。神仙像伸出的手臂托举起承露盘，收集天露以供武帝饮用。此外，武帝时期的年号也是根据捕获角兽、发现宝鼎这样的祥兆来制定的。元鼎四年依据种种祥兆，以倒退时间的方式依次制定了以前的年号：建元、元光、元朔、元狩、元鼎。武帝为实现求神拜仙的愿望，在国内大兴土木。尽管当时汉帝国正在进行对匈奴的战争，出现财政匮乏的问题，但是，武帝对神仙的向往却变得愈发强烈起来。

在雍地举行了祭祀五帝的仪式之后，汉武帝被告知还必须举行其他的祭祀仪式。因为天子以天为父，以地为母，祭祀天帝而不祭祀后土，则失于礼仪。于是，元鼎四年武帝首次举办了祭祀后土的仪式。地点被定在位于长安以东、黄河东岸的汾阴（今山西省万荣县以北）的湖中。天帝为阳，后土为阴。正是由于这一原因，后土祠祠址被定在了泽中方丘。之后的元封二年，甘泉宫中筑起了高达30丈（69米）的通天台，武帝自此每三年在此亲自祭祀天神，举行燎祭。

如上，在武帝时期，雍地五畤、甘泉泰畤、汾阴后土祠分别举行皇帝亲躬的祭祀仪式，每年举行一项祭祀仪式，每三年一轮回。天帝和后土之祭，称为郊祀，可见于古代典仪之中。武帝时期，郊祀全部在远离首都的场所举行。

对于求神若渴、期望与天帝和后土交会的武帝来说，仍旧有需要完成的事情，那就是封禅之仪，自古以来普遍认为是只有完成帝业的人才能实现的仪式。如第一章所述，封禅是皇帝亲自登上泰山顶与天帝交会的秘密仪式。在武帝以前的历史中，除去传说，仅有始皇帝举行过封禅仪式。而且，武帝时期还传闻，连始皇帝也因风雨阻拦而未能登上泰山山顶。

对于已经令匈奴臣服、平定了南越和朝鲜的汉武帝而言，实现皇帝最高理想的时机终于到来了。元封元年，武帝终于实现了封禅泰山的愿望。当时与武帝一同登上泰山山顶并参加了武帝秘密仪式的，只有骠骑将军霍去病的遗子——霍子侯一人。不久后，霍子侯就突然死去。因此，武帝封禅大典的具体内容至今不明。由于封禅大典的举行，当年的年号改为元封。

此后，武帝每隔五年便前往泰山巡幸、修封，并且还进行了远至长江南岸的大规模的国内巡幸。泰山封禅六年后，年号被改为太初。历法和官职名称在这一年也被更改，这些革新与太初历的实施一样，似乎和国家试图把阴阳五行说、三统说等神秘主义思想作为一种合理事物来接受有密切的关联。武帝为接近那超越一切的神秘存在所做出的努力，最终导致了巫蛊之乱的爆发，类似于秦始皇时期的焚书坑儒，造成了许多悲剧，他的诸多大臣和亲人因此而含冤死去。

巫蛊是一种将木制的人偶埋入土中、诅咒对方折寿的咒术。武帝初期发生陈皇后被废事件时，陈皇后就是被怀疑施展了媚道之术。媚道是与巫蛊相同的咒术。武帝时期末期，咒术风潮更为盛行，征和二年初，丞相公孙贺被怀疑使用媚道诅咒武帝而死于狱中。卫氏太子也惨死于巫蛊之祸。

巫蛊之乱为汉武帝晚年政局的动荡埋下了隐患，武帝也到了风烛残年，汉朝也不复之前的繁荣与强盛。

外交开疆扩土、新政锐意革新

与文景的无为而治相比，武帝是一位非常有为的皇帝。他的有为主要表现在内政的锐意革新和外交的开疆扩土。

探讨西汉初期刘氏政权发展史时，如仅关注汉帝国内部的历史，观点不免会产生局限性。因为自高祖时期起，汉帝国就已经与周边诸多国家建立了外交关系。这些关系不仅与汉帝国内部产生的问题紧密挂钩，同时还与刘氏政权的发展演变有着密不可分的关系。

谈到汉帝国的周边国家，要从匈奴、南越和朝鲜谈起。因为在汉帝国的近邻地区，除了这三个国家以外，其他地区还没有形成国家政权。此外，由于地理上的隔绝，一些已经存在的国家还尚未被当时的汉帝国所认知。

考察匈奴、南越、朝鲜与汉帝国之间的关系时，一方面考量双方交往与汉帝国国力盛衰之间的关系，另一方面也必须重视汉帝国与这些国家建立的是何种形式的外交关系。为何在此要强调外交形式对于体现国家间关系的重要性？这不仅是由于当时的外交形式与汉帝国的郡国制有着密切的联系，同时还影响此后中国处理与周边国家之间关系的原型与典范，也是我们探究卫青、霍去病出征匈奴的历史背景。

当我们把视野投向更为广阔的空间时，不难发现汉帝国建立之后，中国以一定的方式与周边诸多国家建立起政治关系，形成了一个以中国为中心的"世界"。这一世界被称为东亚世界、在全球一体化也就是近代社会形成之前，它曾与地中海世界，伊斯兰世界、欧洲世界以及南亚世界等多个世界并立于地球之上。东亚世界的中心国家是中国，也被称为汉字文化圈，其特点是以中国文化为中心。但是，中国文化圈之所以能代表东亚文化，其前提是存在于这一体系的中国与周边国家必须建立起一定形式的外交关系。

我们通常认为东亚世界以中国为中心，包含了朝鲜、日本、越南地区，而并不将蒙古高原、西藏高原等纳入其中。从汉字文化圈的角度来考量，也可知蒙古高原、西藏高原这两个地域不属于东亚世界的原因。但是，与中国保持政治关系的周边国家中，不仅有东亚世界的诸国，还有诸多位于北方、西方、南方的国家。这意味着与中国建立政治关系的国家，并不都是以中国为中心的东亚世界的成员，它们之间存在很大的差异。这种差异因何而生呢？

第一，匈奴等占据蒙古高原的诸民族，始终不断重复着迁徙与交替。因此，即使汉文化被某一个民族吸收，当他们迁徙到其他土地时，原来土地上的文化也就随之消失了。在民族迁徙时，他们与中国之间的政治关系也自然消失，保留与本国语言无关的汉字的必要性也随之丧失。

第二，中国与周边国家的政治关系形式，分为两种不同情况，即属于东亚世界的周边国家与东亚世界以外的国家，在这两种情况下政治关系的形式也各不相同。当然，在某些时代，这两种不同情况也曾出现过相同的政治关系形式。但必须注意的是，游牧民族国家的盛衰以及迁徙导致了他们与中国之间的政治关系形式常常处于一种不稳定状态。匈奴、南越、朝鲜与中国的关系及其具体形式，呈现出了各不相同的特征。

首先，我们谈一下汉朝与匈奴帝国的关系。在始皇帝时期，匈奴骑兵被将军蒙恬率领的大军驱逐至河套地区北面，但不久后他们统一了蒙古高原各游牧民族，建立起一个强大的帝国。在汉代前期，匈奴帝国崛起，不断侵犯大汉王朝的边境，二者通过和亲政策才能达到短暂的安宁。二者之间的交锋诸如"白登之围""马邑之战"都以汉王朝的失败告终。

由于文化的差异，匈奴帝国对于汉边境的侵扰不断，汉朝采取的和亲政策也起不到预想的作用。所以农耕文明与草原文明的正面角逐已经成为历史的必然。历史把这个机会给了汉武帝。这才有了卫青七击匈奴，直捣龙城，收复河南，建立朔方；霍去病六击匈奴，收复河西，马踏狼居胥山，使匈奴远遁，漠北无王庭，汉匈之间迎来了数十年的和平时期。匈奴在短时间内臣服于大汉王朝，二者也通过战争的方式达到了文明的交流。也因为战争的契机，张骞两次出使西域，开辟了著名的丝绸之路。

汉与南越及朝鲜的关系，与汉匈关系完全不同。汉与南越和朝鲜之间为君臣关系，但是在中华思想与王化思想的驱使之下，南越王与朝鲜王在汉武帝时期被消灭，其领土被划为汉帝国的郡县。

在汉武帝王化思想的驱使下，汉武帝一朝战火不断，汉朝的疆域也达到了历史的最高点。但是这些成就却是用无数将士的鲜血和尸骨堆砌起来的。大将军卫青、骠骑将军霍去病、飞将军李广、贰师将军李广利都为战争付出了毕生精力甚至生命。

如上所述，武帝时期的汉帝国不断展开对外远征。每次远征动员的人数都以数万计，多时达到十多万，最大规模时则超过二十万人。这仅仅是士兵的人数，后方还有更为庞大的后勤部门。数次远征，不可避免地造成了汉帝国巨额财政费用的消耗。

每次远征归来，按照惯例要对将士们论功行赏。行赏所需的财政费用也是一笔巨额经费。例如，元狩四年，为奖赏从匈奴战争凯旋的大将军卫青和骠骑将军霍去病的士兵，至少花费了五十万金，即五十亿钱。武帝即位时，由于文帝、景帝时期的积累，国库充盈，甚至到了用之不竭的程度。但是，频繁的军事远征却致使国库出现了亏空。

为充盈国家财政，政府必须采取新的财政政策。于是，寻找一名具有非凡才能的财政官员的任务，便成了朝廷的当务之急。而顺应时代潮流登上历史舞台的人就是桑弘羊。考察武帝时期财政政策时，桑弘羊是绝不容忽视的人物。直到昭帝初期，他都扮演着重要的历史角色。

元狩四年，桑弘羊与大农丞（大农的副官，掌管国家财政）东郭咸阳以及孔仅等，共同制定并实施了盐铁专卖政策；元鼎二年他晋升为大农丞，实施了均输法；元封元年他出任治粟都尉，实质上为大农（后改称为大司农）的总领，负责盐铁专卖、均输平准法的实施；天汉元年桑弘羊最终被任命为大司农令，成为掌管国家财政的最高官员。此后太始元年，由于受到他人牵连，他被贬为大司农的副官搜粟都尉。但大司农令的官位一直空缺，实际上大司农的管理还是由他继续负责。武帝去世后，根据遗诏，他被封为御史大夫。而大司农令职位仍然空缺，武帝死后，国家的财政管理权依旧由他执掌。

在桑弘羊的锐意改革之下，盐铁税收的管理权转交于国家财政机构，实施盐铁官营制度。同时还实施均输法与平准法，这两项政策的目的在于，通过由政府控制商品运输、商品价格来抑制巨商的利润、增加国家收入。均输法始于元鼎二年，继均输法之后的是平准法。在首都长安设置平准官，将从地方购买来的物资都储存于此，物价上涨时，便把储存的物资卖出，进而降低物价。其目的不仅在于调整物价，同时也在于通过国家购买出售物资来提高国家财政收益。因此，平准法与均输法的结合，沉重打击了大商人的利益。与盐铁官营制度、均输法、平准法同时展开的是增税计划。在武帝一朝新增了一项算缗钱。缗指用来穿钱的绳子，那么算缗钱就是指对人们积蓄的货币所征收的赋税。此外，当时的改革还包括增加对舟、车、家畜等的课税，一般人的轺车课税一算，商人的轺车课税两算，长五丈以上的船也课税一算。

实施增税制度时，政府还出台了对虚报财产者的处罚制度和对举报隐瞒财产者的奖励制度。凡隐瞒财产不申报以及只申报一部分财产的人，将被送往边疆戍守一年，并没收全部财产。凡发现并举报上述违法现象的人，作为奖励，可获得其告发财产的一半金额，这一法令被称为告缗令。

通过以上种种制度，国家财政终于摆脱了危机。据说仅仅一年，首都和河东（山西省南部）的官仓就堆满了谷物，而单是首都的官仓收集的帛（粗布）就达到了五百万匹之多。这一切都为卫青、霍去病的出征做出了充分的准备。

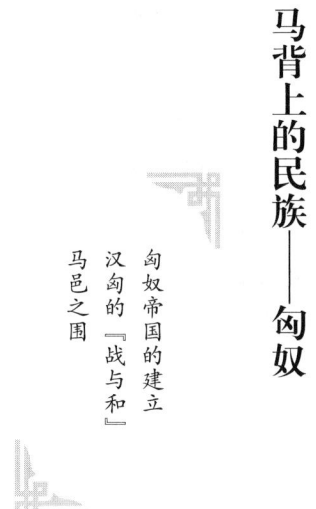

马背上的民族——匈奴

匈奴帝国的建立
汉匈的『战与和』
马邑之围

匈奴帝国的建立

政局的严苛只是卫青、霍去病英雄之路上的一个小小的障碍，最大的障碍在于对手的强大。"匈奴"在中国古代史上是一个令无数统治者头疼的名字。东亚少数民族的真正历史，其时期形势，俱与欧洲北族约略相似，但史学界并未对此有所定论。所以我们此处所探讨的匈奴唯以中国古史记载为依据。关于匈奴早期历史的记载载于《史记》列传第五十《匈奴列传》。史书记载匈奴人在远古时期被称为"荤粥"，因为越界抢劫被中原部落首领皇帝赶到了荒凉的草原，所以在商代又被称为"鬼方"。后来，被西周史学家命名为"猃狁"。之后，他们和氏羌一起被泛称为"戎狄"。

直到战国时期，才有了令人恐怖的名称——匈奴。中原对匈奴的骚扰忍无可忍，因而在秦汉时期又给匈奴起了一个含有贬义的名字——胡，以至于居住在匈奴东部的乌桓、鲜卑部落被称为"东胡"，居住在匈奴以西的西域绿洲各族被称为"西胡"，以后"胡人"就成了汉人对西方和北方各游牧民族的泛称。在中国历史上所有的游牧民族当中，匈奴族是首先在塞外建立起一个统一游牧帝国，而且有较详细的历史记载而流传至今的。直到汉武帝时期，匈奴的势力达到鼎盛，匈奴族也出现了一位像武帝一般雄武的首领军臣单于及其弟伊稚邪单于。同时还出现了一个堪比武帝一朝的文武集团，文官有赵信，武官有左大将军比车耆等。和亲政策对于武帝这位骄傲的帝王已变成一种侮辱，一场势均力敌的较量似乎早已不可避免。

从世界史的角度来看，全球的民族可以分为两种，一种为逐水草而居的游牧民族，一种为以农耕为主的农耕民族。生活方式的不同造就了民族品性的不同。游牧民族以征伐开疆拓土为荣，而农耕文明则以安土重迁为荣，不同的价值观造就了不同的荣誉感。征伐民族对于农耕民族的进攻，无论从哪个角度来说，都是一种欺凌与压迫。马背上的匈奴究其历史来源，在《史记》里有记载。

《史记·匈奴列传》载：匈奴，其先祖夏后氏之苗裔也，曰淳维。唐虞以上有山戎，猃狁，荤粥，居于北蛮，随畜牧而转移。其畜之所多则马、牛、羊，其奇畜则橐驼、驴、骡、駃騠、䮾騟、騨騱。逐水草迁徙，毋城郭常处耕田之业，然亦各有分地。毋文书，以言语为约束。儿能骑羊，引弓射鸟鼠；少长则射狐兔，用为食。士力能贯弓，尽为甲骑。其俗，宽则随畜，因射猎禽兽为生业，急则人习战攻以侵伐，其天性也。

意思是说，匈奴是大禹的后裔，他们的祖先叫淳维。匈奴是典型的游牧民族，幼儿能骑羊，引弓射鸟鼠；少年就能射狐兔，作为食物。士兵们都能拉开弓箭，都是装甲骑兵。他们的习俗是，平时就从事畜牧业，以射猎禽兽为生业，战时每个人都能上战场杀敌，这是他们的天性。以武力征伐为荣的匈奴，在历史上与农耕为主的汉族展开了多次的殊死拼搏，战和之变一直都是二者相处的不二法则。

早在先秦时期，在西周强盛的时候，匈奴向周王朝入贡，历史上称之为"荒服"。过了两百年之后，周王朝衰落，周穆王伐犬戎，仅仅得了四白狼四白鹿，自此之后，荒服不至，周王朝屡屡受到匈奴的挑衅。到了周幽王时期则达到了顶点，周幽王因为用宠姬褒姒之故，与申侯有隙。申侯怒而与犬戎（即匈奴）共攻杀周幽王于骊山之下，匈奴占领了周之焦获，居于泾渭之间，侵暴中国。至此周王朝势微，战国七雄开始纷纷登上历史舞台。而七雄的称霸无一不与对匈奴的征战有关，首先登上历史舞台的是秦襄公，秦襄公救周，伐戎至岐，始列为诸侯。到周襄王时期，匈奴对中原的侵略达到顶点，中原的人民都很痛恨他们，故诗人咏之曰"薄伐猃狁，至于太原""出车彭彭，城彼朔方"。这种忍辱负重的局面持续了四年之久，最后解救周襄王于水火之间的是晋文公，晋文公是一位有野心的霸主，他兴师伐逐戎翟，诛杀子带，迎回周襄王，最终确立了自己在中原的霸主地位。

当时，秦晋两国为七雄之首，戎狄分区域向两国俯首称臣。晋文公攘戎翟，居于河西圁、洛之间，号曰赤翟、白翟。秦穆公得由余，西戎八国服于秦。不过当时的匈奴都各分散居住，每个部落都有自己独立的君长，大概有一百多个部落，没有一个统一的组织。

在秦晋的争霸过程中，产生了一位重量级的人物，他就是秦昭王的宣太后芈月，宣太后在秦昭王去世之后，通过自己的美色与义渠戎王结合，还为他生了两个儿子。最后宣太后为了秦朝的宏图大业，诛杀义渠戎王于甘泉，并且一股脑儿夺下了义渠的老巢，在中原和匈奴的战争史上写下了浓墨重彩的一笔。秦国占领了陇西、北地、上郡，疆土面积成为七国之首，为后来秦始皇统一六国打下了坚实的基础。同时为了防范匈奴的反击，在宣太后时期即筑长城以拒胡。

与此同时，赵武灵王胡服骑射的故事也在此时上演，赵武灵王变俗胡服，习骑射，北破林胡、楼烦；筑长城，自代并阴山下，至高阙为塞，而置云中、雁门、代郡。其后燕有贤将秦开，他是荆轲刺秦王的秦舞阳的爷爷，曾经在胡做人质，胡人特别信任他，他回到燕国以后出兵攻打东胡，东胡迁徙到千余里远的地方。燕亦筑长城，自造阳至襄平。置上谷、渔阳、右北平、辽西、辽东郡以拒胡。当时在战国七雄中有秦、赵、燕三国与匈奴相邻，均筑长城以抵御匈奴的进攻。自是之后百余年，三家分晋，毗邻各国均与匈奴有军事往来，各有胜负。直到赵国出现一位雄才大略的将军李牧，匈奴才不敢入赵边。

后秦灭六国，在秦始皇时期即有"灭秦者胡"的预言，于是便开始了万里长城的修筑。而始皇帝使蒙恬将十万之众北击胡，悉收河南地。因河为塞，筑四十四县城临河，徙适戍以充之。而通直道，自九原至云阳，因边山险巇溪谷可缮者治之，起临洮至辽东万余里。又渡河据阳山北假中。孟姜女日日夜夜哭泣的长城，不仅仅只是始皇的暴政，只因为毗邻的匈奴过于强大，好大喜功的始皇不得已加紧剥削人民在短时间内制造血汗工程"万里长城"，来保证自己的基业千秋万代。

然而在暴政之下皇室基业的千秋万代只是一场美梦，万里长城建造的艰辛导致了官逼民反，诸侯叛秦，陈胜、吴广揭竿而起，诸秦所徙戍边者都纷纷逃离了戍边地。于是匈奴得以有时间来强大自己的实力，东胡兵强马壮，月氏日益强盛，匈奴的首领也出现了一位杰出的人物，叫作头曼，他多次与蒙恬交战败北而归，却不想短短数十年，唯一能够抵抗匈奴的大将蒙恬也离开了人世。他们又渡过河南，与中原以故塞为界。

而真正让中原闻风丧胆的匈奴首领是头曼的儿子冒顿，匈奴自淳维至头曼千年有余，疆域时大时小，到了冒顿单于的时候匈奴最为强大，使北夷尽服，而南与中国为敌国。那么他是如何建立起匈奴最强大的版图呢？

首先要从冒顿的出生说起，他是头曼的太子，但是在年少时期却遭遇了头曼换位的威胁，头曼因为自己宠爱的一位阏氏生了一位少子，便派遣冒顿去月氏国做人质，同时拼命地进攻月氏，想假月氏人之手杀了冒顿。当时，太子们为他国人质的比比皆是，秦王嬴政便是一个很好的例子，能够在敌国安然长大，最后逆袭回国，必定会大有一番作为。很明显冒顿和嬴政一样，从小在狼窝里长大的孩子不会坐以待毙，他很快知晓了父亲和月氏的阴谋，悄悄偷了一匹好马，躲过了层层阻拦，逃回了匈奴本部。他的英勇善战，让父亲头曼好像看到了年轻时候的自己，也仿佛看到了匈奴未来的希望，于是拨了一万骑兵，让冒顿统帅。一匹幼狼终于有了自己的兵权，父亲对他的不计前嫌仅仅只是单方面的，他对于父亲刻骨铭心的仇恨算是种下了。为自己少年时期的不公遭遇鸣不平是古代英雄开疆拓土最原始的动力。弑杀父亲取而代之，成为他统一匈奴的第一步方略。他做了一种响箭，作为指挥部下骑射的号令，他命令他的部下说："谁若不跟着我的响箭的目标发射，便杀无赦！"于是在狩猎的过程中，他以鸟兽、善马、自己的爱妻为试验品，杀掉了那些不敢射杀的人，留下了自己的亲信。终于在一次围猎的时候，他和自己的亲信一齐向头曼发射响箭，头曼的时代就这样结束了，一代枭雄没有死在战场上，却死在了自己儿子的暗箭之下，终是有些可惜。之后，冒顿更是杀掉了他的后母和少弟以及所有不服从他的人，一个崭新的属于冒顿的时代到来了。

冒顿继位的时候尚值青年，弑父杀兄只是他职业生涯的首秀。他的政治理想是要成为前无古人后无来者的沙漠英雄，所以他的征伐大业才刚刚开始。首先他把目光对准了东胡。在冒顿初立的时候，东胡的势力比匈奴都要强大，冒顿是一位能屈能伸的君主，他假意对东胡称臣。在群臣的反对之下，送给了东胡一匹千里马、一位心爱的阏氏。偷偷扩大自己势力的同时煽动全国人民对东胡的战争情绪。到最后东胡王愈加骄横，开始侵略匈奴的土地，他首先派人向冒顿讨要与东胡相邻的一千余里的土地，使匈奴举国上下都沉浸在一种对东胡仇视的情绪中。冒顿认为时机已到，他召开群臣大会，征询部下的意见，最后把主张给东胡土地的人一齐杀掉，马上带兵出击东胡，并且命令全国动员，违令者斩！在这种疾风暴雨式的攻击下，东胡人自然败下阵来。

收复东胡打了一个漂亮的胜仗，年轻的冒顿单于又将进攻的矛头直指月氏，这是让他曾为人质九死一生的地方，是让他悲恨交加的场所，所以拿下月氏一雪前耻，冒顿自然当仁不让。秦汉之际，月氏的根据地在今甘肃西部，是扼天山南路的门户。冒顿时期，月氏的势力非常强大，它吞并乌孙，侵凌匈奴，让匈奴太子冒顿为人质，其实力不可小觑。而冒顿则靠着自己强大的骑兵能力和超强的战斗力，一举攻下了月氏的首都，同时他还对月氏人赶尽杀绝，将他们迁徙到偏远的伊犁河流域，月氏人痛失甘肃这块肥沃之地，而被迫栖息于新疆荒漠之中，他们对于匈奴的仇恨可想而知，这也为后世张骞出使西域拉拢月氏埋下了伏笔。

从此，冒顿率领着控弦之士三十万，横行塞外。他东灭东胡后，拓地至朝鲜界；西破月氏后，把国境深入西域，后由匈奴设"僮仆都尉"驻于焉耆、危须、尉犁间（均为西域古国，辖区在今天新疆境内），往来诸国，赋敛其粮食马牛羊之属，使塔里木河流域成为匈奴的外府，同时他北服屈射、丁零等国，将疆域拓展到外蒙古边境与西伯利亚，南并楼烦，将疆域拓展到今山西保德、宁武等地。

冒顿单于弑杀父亲头曼单于之后自立，在东方降服了东胡，在西方征服了月氏，在南方又夺回了被秦掠走的土地，最后在北方建立起第一个强大的帝国。他将大本营安置于蒙古高原的中央地区，以东为左，以西为右，分别设置左、右贤王，左、右谷蠡王，左、右大将，左、右大都尉，左、右大当户，左、右骨都侯等。领地实行世袭制，人们过着逐水草而居的游牧生活。其中，左、右贤王和左、右谷蠡王的王国最大。左贤王最后被立为太子，成为左屠耆王，屠耆的意思为贤。左、右骨都侯的职责是辅佐单于。这些大臣中，官位较高者拥有的兵力可达万骑，较低者也有数千骑兵力。同时还设置了长，共二十四名，长统领的骑兵号称拥有万骑兵力，长之下又配置千长、什长、裨小王、相、都尉、当户、且渠等属官。

从以上看来，冒顿单于建立的匈奴帝国，已拥有了一套完整的国家机构组织来统治辽阔的蒙古草原。但是，我们不可将上文所述的匈奴帝国与汉帝国相匹敌简单地理解为两国人口相当。匈奴帝国虽幅员辽阔，但由于游牧社会的性质，全国人口只相当于汉帝国的一个郡。而汉帝国的郡，即便是大郡，人口也不过五六十万而已。那么，人口如此之少的国家，因何在历史上被看作与汉帝国相匹敌的大国呢？

其原因就在于匈奴帝国所拥有的强大军事力量。游牧民族的居民在童年时就会在羊背上拉弓射鸟，成年后无不精于骑射，披上铠甲后就能作为骑兵奔赴战场，整个社会始终是一个强大的战斗集团。冒顿单于统一蒙古高原时，所拥有的控弦之士即骑射兵多达三十余万。

这意味着这个国家所有的男性都能战斗。可是在游牧民族社会，除了畜牧业以外就没有其他产业了，牲畜的肉用来食用，兽皮用来制衣。而农耕社会的中国，不但有丰富的农产品以及先进的织布业，而且已经开始生产铁器以及丝绸等奢侈品，这些都是令匈奴垂涎欲滴的物产。为获取这些物产，匈奴便不断南下侵扰。因此，这样一个觊觎中国并不断入侵的强大军事帝国，自然会被汉帝国视为与自身相匹敌的大国了。匈奴与大汉帝国相比，它的稳定性不强，凝聚力不持久。大汉的文化圈与经济网络，彼此叠合，互相加强，具有强大的凝聚力。

汉匈的"战与和"

冒顿的野心并不仅仅局限于塞外,中原才是他最终的目标。他进一步南侵燕代,悉复秦时蒙恬夺取之地,从而建立了一个空前绝后的游牧帝国。因为疆域辽阔,单于无法直接统治,整个匈奴帝国,在西汉文景之时,共分三部:单于直辖中部,与汉朝的代郡(今蔚县)和云中郡(今内蒙古托克县)相接。左屠耆王居东方,所辖地和汉朝上谷以东的地区相接,一直到朝鲜;右贤王居西方和汉朝的上郡(今陕西省北部及内蒙古鄂尔多斯左翼之地,今绥德县东南五十里)以西的边郡及氐羌(今青海境)相接,一直到西域。左右谷蠡王等,亦各有封土,辅政诸大臣,皆为世官,最著名的贵族有呼衍氏、兰氏、须卜氏三家。匈奴帝国幅员辽阔,所以他们的行政区划有一种各自为政的感觉。

到了冒顿单于的时候,这种格局有所改观。

《史记·匈奴列传》载:岁正月,诸长小会单于庭,祠。五月,大会茏城,祭其先,天地,鬼神。秋,马肥,大会蹛林,课校人畜计。其法,拔刃尺者死,坐盗者没入其家;有罪小者轧,大者死;狱久者不过十日,一国之囚不过数人。而单于朝出营,拜日之始生,夕拜月。其坐,长左而北向。日上戊己。其送死,有棺椁金银衣裘,而无封树丧服;近幸臣妾从死者,多至数千百人。举事而候星月……后北服浑庾、屈射、丁零、鬲昆、薪犁之国。于是匈奴贵人大臣皆服,以冒顿单于为贤。

意思是说:正月的时候,各位官长在单于王庭有小聚会,举行祭祀仪式，五月在茏城新举行大的聚会，祭祀祖先、天地神、鬼神。秋天，马肥壮之时，在蹛林有大的集会，考核和计算人口和牲畜的数目，匈奴的法律规定，有意杀人并将刀剑拔出刀鞘一尺的就判死刑，犯盗窃罪的没收他的家产；犯罪轻的判压碎骨节，刑罚重的处死。坐牢最久的不过十天，一国的犯人不过几人而已。单于在早晨走出营地，去拜初升的太阳，傍晚拜月亮。就坐时，年长的在左边，而且要面朝北方。他们崇尚戊日和巳日。他们安葬死者，有棺椁，金银和衣裘，没有坟墓以及丧服，单于死后，他所亲近和宠幸的大臣妻妾跟随陪葬的，多至数十人或上百人。准备打仗时，要先观察星月，如果月亮圆满就大进攻，月亮亏缺就撤退。匈奴人在攻伐征战时，谁杀死敌人或俘虏敌人，都要赏赐一壶酒，所缴获的战利品也分给他们，抓到的人也给予他们做奴婢。所以他们见到敌兵就去追逐利益，如同鸟儿飞集一处。如果遇到危难失败，队伍就会瓦解，如同云雾消散。战争中谁能将战死的同伴尸体运回来，就可得到死者的全部家财。后来，冒顿又征服了北方的浑庾、屈射、丁零、鬲昆、薪犁诸国。于是匈奴的贵族、大臣都臣服冒顿单于，认为他是贤能的化身。

如此庞大的军事组织主要依靠单于极大的威信来统帅，稍有不慎就会出现不听指挥调动的情况，一个个王族就像一个个军阀一般，这也为后来卫青、霍去病千里奔袭、各个击破提供了便利条件。

那么在匈奴成就自己的庞大帝国的时候，中原地区发生着什么？匈奴在汉高祖与项羽相争的时候，已经开始南侵燕、代，悉复蒙恬所得之河南地。平民布衣出生的刘邦战胜了精英贵族项羽，建立了大汉王朝，但是刘邦的胜利在于得民心、善于选人用人，他可以面对西楚霸王项羽的几十万雄兵面不改色，但是在拥有铁骑强敌的匈奴面前却败下阵来。匈奴于汉高祖六年的秋天围攻马邑，韩王信降匈奴，汉朝痛失一员能与匈奴战的大将。公元前200年，汉高祖刘邦自将步兵三十万余出击匈奴，与匈奴试水一战，冒顿便使用精兵四十万骑围刘邦于白登。高祖在白登山上被困七日,三十几万汉兵,被匈奴的骑兵隔断,最后无奈采取陈平的计谋,派人去贿赂冒顿的阏氏,才使匈奴撤兵,救了刘邦的一条性命。这次战役,是汉族与匈奴族在汉朝初年的一次国力总决赛,也就是农业文明与游牧文明的正式角技,结果,以大汉的失败告终。从此大汉对匈奴开始了丧权辱国的和亲政策,汉皇敬奉宗室女公主为单于阏氏,并且约定每年赠送匈奴若干絮缯、酒、米等物,以换取一时的和平。

只可惜如花般的公主,纵使牺牲了自己,也只能换回片刻的安宁,匈奴对大汉北境的骚扰从未停止过。汉高祖死于公元前195年,冒顿单于竟于汉惠帝三年遗书侮辱吕太后,称"愿以其所有,易其所无",要求堂堂大汉太后嫁给他作阏氏。当时吕太后大怒,欲对匈奴出战。只可惜历来以彪悍著称的吕太后,也因诸将"以高帝贤武,然尚困于平城"的劝导,不得不复与匈奴和亲。

汉文帝时期复修和亲,因为匈奴屡屡不守约定,故而文采斐然的汉文帝与匈奴单于多次书信往来,不断更正和强调和亲条约。最著名的一次书信往来发生在孝文帝后元二年,此时匈奴的单于为冒顿(dú)单于之子老上单于。老上单于在位的十四年,匈奴军事上空前强大,西面攻伐月氏,杀了月氏王,平定了西域,政治上也相对团结,没有发生内部矛盾。向南屡破汉朝,对汉朝采取"敌休我袭,敌进我遁"的游击政策,使汉朝无计可施。所以在当时和亲和岁贡是最好的外交战略。

《史记·匈奴列传》载:孝文帝二年,使使遗匈奴书曰:"皇帝敬问匈奴大单于无恙。使当户且居雕渠难、郎中韩辽遗朕马二匹,已至,敬受。先帝制:长城以北,引弓之国,受命单于;长城以内,冠带之室,朕亦制之。使万民耕织射猎衣食,父子无离,臣主相安,俱无暴逆。今闻渫恶民贪降其进取之利,倍义绝约,忘万民之命,离两主之欢,然其事已在前矣。书曰:'二国已和亲，两主欢说，寝兵休卒养马，世世昌乐，闿然更始。'朕甚嘉之。圣人者日新，改作更始，使老者得息，幼者得长，各保其首领而终其天年。朕与单于俱由此道，顺天恤民，世世相传，施之无穷，天下莫不咸便。汉与匈奴邻国之敌，匈奴处北地，寒，杀气早降，故诏吏遗单于秫糵金帛丝絮佗物岁有数。今天下大安，万民熙熙，朕与单于为之父母。朕追念前事，薄物细故，谋臣计失，皆不足以离兄弟之欢。朕闻天不颇覆，地不偏载。朕与单于皆捐往细故，俱蹈大道，堕坏前恶，以图长久，使两国之民若一家子。元元万民，下及鱼鳖，上及飞鸟，跂行喙息蠕动之类，莫不就安利而辟危殆。故来者不止，天之道也。俱去前事：朕释逃虏民，单于无言章尼等。朕闻古之帝王，约分明而无食言。单于留志，天下大安，和亲之后，汉过不先。单于其察之。"

意思是说：汉皇帝我恭敬问候匈奴大单于身体健康。你派当户、且渠雕渠难、郎中韩辽送给我的两匹马已经送达，我恭敬地接受了。先帝规定：长城以北的游牧地带受单于领导，长城以内是戴冠束带者的家室，由我统治。我们的目的是让天下的百姓耕田织布、射箭打猎过日子，父亲和儿子不要相离，臣子和君主各安其职，都不要做凶暴残害的事。现在听说有邪恶之徒，贪图不义之财，背信弃义，断绝和约，不顾天下百姓的生命，离间汉朝与匈奴两国君主的友好感情。但是这件事已经过去了。

你在来信中说：两国已经友好和解，两国的君主欢欣喜悦，停止军事行动，休息士卒，保养马匹，世世代代繁荣发展快乐生活，和谐融洽。对此我十分欣赏。

圣明的人天天都能有新的进步，改正不足，使老年人得到安养，年幼的人茁壮成长，各自保持生命，度过一生。我和单于都遵循这个道理，顺应天意，安抚百姓，世世代代相传，永远延续下去，天下之人都会获得利益。

汉朝与匈奴是土地相邻、势均力敌的两个国家，匈奴地处北方大地，气候寒冷，霜雪早早降临，所以我下诏命令官吏送给单于黄米、酒曲、金钱、丝绸、棉花等等东西，每年都有固定的数目。如今天下空前的安定，百姓欢欣快乐，只有我与单于终日为民操劳。我想前不久不愉快的事，只能算是一点小小的变故，是负责谋划的臣子考虑失误造成的，这些都不足以离间我们兄弟之间的友谊。

我听说天不会只覆盖一方，大地也不会只承载一处，我和单于都要抛弃从前的小误会，遵循统一的道理行事，消除从前的不快，考虑两国的长远利益，使两国人民如同一家的儿女。善良的千千万万的百姓，以及水中的鱼鳖，天上的飞鸟，地上爬行、喘息、蠕动的各种兽类和虫类，没有不追寻安全有利的生活环境而躲避危险的。所以前来归顺的都不阻止，这是天经地义的道理。往事一概不究，我解除逃往匈奴的汉人的罪责，单于也不要再提起逃往汉朝的章尼等人的事情。

我听说古代帝王们订立条约，条款分明，从不背弃。希望单于留心盟约，天下定会特别安宁。和亲以后，汉朝不会首先负约。请单于明察此事。"

统计从汉高帝时代到汉武帝初年，共与匈奴和亲七次，有三次是派遣公主，附带每年送的东西，是药酒万石、稷米五千斛、杂缯万匹等。然而每次和亲，大概只能维持到三年左右的和平，而以堂堂中国反而向胡人纳币进女，也确实是一件可耻的事情，所以汉文帝时期的名臣贾谊在《治安策》中已经把此事列为"流涕"的事件之一。汉文帝虽然诚恳希望能与匈奴和平相处，但匈奴对汉之侵扰，仍有加无减。最厉害的一次，是在文帝十四年，冒顿的儿子老上单于率十四万骑兵入朝那、萧关（甘肃固原县东南），掳人民畜产甚多，遂至彭阳（今甘肃镇原县东十八里），去长安仅二百里，可谓已经威胁到汉朝的中央统治。

值此之时，汉朝的君臣已经彻底觉醒，明白仅仅依靠和亲政策，无法制止匈奴侵略，纷纷寻求抵御匈奴稳定边境的政策。最著名的，有太子家令晁错在公元前169年所建议的募民迁徙塞下的边防政策。不过汉朝在武帝之前所讲求的备胡政策，都是消极的、防御的，到武帝即位以后，才开始对匈奴采取一种积极的进攻。当然并不是说和亲政策就是一种失误，恰恰相反，这种无为而治的和亲政策为汉朝争取了诸多休养生息的时间，景帝时平定七国之乱，全国实现统一。而且经过文景两朝的发展，汉朝的府库充实，家给人足，给了这位雄才大略的汉武帝对匈奴采取攻势的环境与凭借。

同时，匈奴不能和汉和平相处的原因，并不单单因为他们喜欢背信弃义，而是因为他们的生活习性导致的必然结果。匈奴族日常生活的必需品酒、谷和缯絮，都无法自己生产，必须取自汉朝，汉朝每年所赠送的数量，又不够分配，游牧民族对农业民族定期或者不定期地劫掠，也似乎成了习惯，所以汉朝的和亲、送礼以及互通关市的办法，都不能制止匈奴的侵略。

同时汉朝的诸多降将也助长了匈奴侵略中原的气焰，所谓弱国无外交，良禽择木而栖。这些降将包括韩王信、赵利、王黄、代相陈豨、燕王卢绾及宦者中行说。其中对匈奴帮助最大的是这位身为宦者的中行说。汉文帝在公元前174年将其作为派往匈奴和亲的使者，中行说极不情愿，但是朝廷强迫让他前去。临行前他郑重宣言："必我行也，为汉患者！"本以为这只是一句狂妄自大的语言，却不想一语中的。他到达匈奴后，单于十分亲信他，他便作了匈奴侵略汉朝的谋主。

大家都会疑惑，为什么众多投降的大将都没有被委以重任，而唯独一个手无缚鸡之力的宦者得到了重用。研究匈奴当时的历史我们不难发现，在老上单于时期，经历了冒顿单于的开疆拓土，武力已经非常强大，可谓所向无敌，但作为一个统一的王朝，他们缺少华夏文化的输入来巩固自己的政权。而中行说本身是燕人，他是一个深藏不露的知识分子，曾经用外交礼节和外交辞令折服汉使,替匈奴争取了许多外交文书上的胜利,他更建议匈奴人切勿重视汉朝的缯絮和食物,以免匈奴人的生活被汉化甚至被腐化。他对匈奴最大的贡献就是把中原的文字介绍到匈奴,使"无文书,以言语为约束"的匈奴有了长足的进步。他教单于左右"疏记,以计课其人众畜物",教匈奴人用文字记载事物,对所有的人民畜物作调查统计和征收的工作。将匈奴的文明程度进一步提高,匈奴的国力也进一步地强盛起来。

司马迁在《史记·匈奴列传》中还记载了这名大汉奸曾经"日夜教单于侯利害处",意味着中行说把中国的许多国防秘密都泄露给匈奴,这就更加便于匈奴对汉朝的侵扰,给大汉增加了巨大的负担。老上单于在与大汉时而友好时而摩擦的过程中,还帮助乌孙昆莫西向攻破月氏,杀死乌孙王,以其头为饮器,月氏二次西迁,徙于大夏。老上单于也死于助乌孙攻破月氏后不久,大概在公元前161年。

马邑之围

与汉武帝同时代的匈奴单于为军臣单于,他是老上单于之子,冒顿之孙。他继位时仅四岁,还在孝文皇帝时期。孝文帝欲再次与匈奴和亲,匈奴拒绝和亲,并分别派兵三万骑大举进犯上郡和云中郡,大肆杀掠一番而去。于是,汉调派将军张武屯驻北地郡;将军苏意屯驻在句注(在山西省忻州市代县西北),车骑将军、中大夫令免屯驻在飞狐口(在河北省张家口市蔚县南)。所有和匈奴接壤的地方也都加强守备(西汉有九个郡和匈奴边地相连,它们是:五原、朔方、云中、代郡、雁门、定襄、北平、上谷、渔阳),以防匈奴入侵。又设置三将军,河内太守周亚夫驻守在长安西细柳营(陕西咸阳市西南)、祝兹侯徐厉屯守在渭水北岸的棘门(陕西咸阳市东北），宗正刘礼屯军霸上（陕西长安县东）防备匈奴。匈奴骑兵进入到句注边区，烽火之警传递到甘泉（即甘泉山，亦甘泉宫所在地，在陕西省咸阳市淳化县西北）、长安。数月后，汉兵到达边境，匈奴已撤离到边塞远处，汉就此罢兵。

一年多以后，公元前157年孝文帝去世，孝景帝继位，高祖孙赵王刘遂秘密派人和匈奴通款。孝景时，晁错建议削赵常山郡，导致诸侯怨，吴、楚反。匈奴打算趁虚而入和赵王合谋入侵边境。汉围困并消灭了赵国，匈奴也就停止入侵。自此以后，孝景帝与匈奴恢复和亲，开放边境贸易，给匈奴馈赠礼品，派遣公主下嫁，一切按照旧约办理。直到孝景帝去世前的这一段时间，据史料记载，共有3次入侵，中二年入燕，中六年入雁门，至武泉入上郡，后二年入雁门，这些都是小规模的骚扰。

汉武帝即位以后，明和亲约束，厚遇，通关市，饶给之。匈奴自单于以下皆亲汉，往来长城下。于是汉武帝导演了一场诱降匈奴的战事——马邑之围，只可惜最后无功而返，但是也彰显了汉武帝出击匈奴的决心，并且摸清了群臣对匈奴和战的态度。

《史记·匈奴列传》载：武帝初年，汉使马邑下人聂翁壹奸兰出物与匈奴交，详为卖马邑城以诱单于。单于信之，而贪马邑财物，乃以十万骑入武州塞。汉伏兵三十余万马邑旁，御史大夫韩安国为护军，护四将军以伏单于。单于既入汉塞，未至马邑百余里，见畜布野而无人牧者，怪之，乃攻亭。是时雁门尉史行徼，见寇，葆此亭，知汉兵谋，单于得，欲杀之，尉史乃告单于汉兵所居。单于大惊曰："吾固疑之。"乃引兵还。出曰："吾得尉史，天也，天使若言。"以尉史为"天王"。汉兵约单于入马邑而纵，单于不至，以故汉兵无所得。汉将军王恢部出代击胡辎重，闻单于还，兵多，不敢出。汉以恢本造兵谋而不进，斩恢。

自是之后，匈奴绝和亲，攻当路塞，往往入盗于汉边，不可胜数。然匈奴贪，尚乐关市，嗜汉财物，汉亦尚关市不绝以中之。

意思是说：汉武帝初年，汉派马邑（山西省朔州市朔城区境）奸民聂翁壹私运货物出境，和匈奴交往。他装作出卖马邑城来引诱单于，单于垂涎马邑的财富，信以为真，带领十万骑兵进入武州塞（山西省大同市左云县南）。汉将三十万兵马埋伏在马邑附近。御史大夫韩安国任护军将军，即前敌总指挥，指挥四位将军包括骁骑将军卫尉李广、轻车将军太仆公孙贺、将屯将军大行王恢、材息将军太中大夫李息，埋伏起来等待单于。单于进入了汉朝边塞，距离马邑还有一百多里，看到牛羊遍野而无人放牧，甚为奇怪，就下令攻打燧亭。这时，雁门郡尉史正在巡逻，见到情况，进入燧亭抵抗。尉史知道汉伏击战的部署。单于俘获了尉史，要杀他。尉史把汉兵埋伏的地点告诉单于。单于大吃一惊，说："我本来就有疑心！"于是带领兵马退却。出了边塞，单于说："我得到尉史是上天的意旨，上天让他告诉我的。"封尉史为"天王"。汉兵相约，一旦等到单于进入马邑就发起攻击。单于没有来到，以致汉兵的部署落空。汉将军王恢是这次马邑伏击战的主要策划人，部队的任务是出代国拦截匈奴的辎重。听说单于已撤退，害怕单于兵多，不敢进击。汉因王恢是这次作战计划的制定人而不追击，杀了王恢。自此以后，匈奴断绝了和亲，经常劫掠攻打处于交通要道的边塞，次数无法计算。同时匈奴仍喜欢做买卖，嗜爱汉朝的财物。汉也不断开放边境贸易，以投其所好。

此次战役可以明显看出，韩安国、王恢之流的将领没有攻打匈奴的谋略和勇气，虽然汉朝出动了三倍于匈奴的兵力，却最终无所得。汉将军王恢听到单于返兵，畏惧单于所带精兵的强大，按兵不动，临阵退缩，大大削弱了汉军的战斗力和士气。虽然最后将王恢斩首，但是摆在汉武帝面前一个最为棘手的问题便是，大汉急需招募一批不畏匈奴的军事人才。

卫青、霍去病就在这一时期登上了历史舞台。从外部环境来说，在卫青、霍去病出征匈奴的时期，匈奴内部也发生了翻天覆地的变革。公元前127年，军臣单于逝世，匈奴内部陷入了继承权之争的大分裂，军臣单于的弟弟伊稚斜，拥兵自重，自立为单于。军臣单于的太子于单逃入汉境投降，汉封他为涉安侯，数月后去世。匈奴内部经过这一次大动荡，内部也不像以前铁板一块，这也为卫青、霍去病后来出击匈奴取得胜利创造了有利的外部环境。

生于奴家　终成将军

初入宫门
直捣龙城
雁门大捷
收复河南
拜大将军
五次出击
寻找主力
七击匈奴

隋朝行军诗人杨素的《出塞》"冠军临瀚海，长平翼大风。云横虎落阵，气抱龙城虹。"描写了卫青的丰功伟业，同时也有史学家指出"但使龙城飞将在，不教胡马度阴山"的龙城飞将指的就是卫青。的确，卫青七破匈奴，直捣龙城，让匈奴闻风丧胆，断其左膀右臂，让匈奴的实力大受损伤。茅坤曰："青武刚车之战，气震北虏，而去病斩馘虽多，非青比也。太史公特抒愤懑之词，无限累欷。"又曰："大将军此战极为奇绝，以不得并骠骑益封，故太史公尽力描写，令人读之凛凛有生色。"

这位让历史动容的战神是一位私生子，而且是一名骑奴，但是他通过自身的不懈努力，从一名骑奴得拜建章宫，最终七击匈奴，一步步进阶得拜大将军。他的进阶过程可以看作是年轻人拼搏职场最终成功的教科书式的典范。

初入宫门

《史记·卫将军骠骑列传》载：大将军卫青者，平阳人也。其父郑季，为吏，给事平阳侯家，与侯妾卫媪通，生青。青同母兄卫长子，而姊卫子夫自平阳公主家得幸天子，故冒姓为卫氏，字仲卿。长子更字长君。长君母号为卫媪。媪长女卫孺，次女少儿，次女即子夫。后子夫男弟步、广皆冒卫氏。

青为侯家人，少时归其父，其父使牧羊。先母之子皆奴畜之，不以为兄弟数。青尝从人至甘泉宫居室，有一钳徒相青曰："贵人也，官至封侯。"青笑曰："人奴之生，得毋笞骂即足矣，安得封侯事乎！"

"为侯家人"点明了卫青作为平阳侯家奴的身份。卫青在年少的时候回到生父郑季家，他的父亲早已组建了新的家庭，卫青完全不被接纳，从情理上推断，郑季应该是个很懦弱又刻薄的人，除了把卫青当个劳动力派去放羊之外，不会有什么父爱，因此郑氏的几个孩子根本不认卫青是兄弟，"皆奴畜之"。最苦最累的活儿都是他干，放羊砍柴，受尽歧视。以至于有人认为他面相贵重，未来有望封侯拜将时，他只是笑笑说：奴隶的一生，不挨打受骂已经知足了，不敢想那些不着边际的事儿。

可见卫青的童年是极端悲惨的，不但出生低贱，还缺乏父母的关爱，父亲和兄弟姐妹也没有给他什么温暖。但是每日里放羊砍柴的卫青并没有放弃自己，他在放羊砍柴的间隙偷偷地读书认字，练习骑射的本事，身处底层并不自暴自弃，所以才会有钳徒对他的评价"贵人也，官至封侯。"他身上特有的出淤泥而不染的努力坚毅的气质，让别人都觉得这孩子是有大作为的。

是金子总会发光的,能够在如此艰苦的环境下不放弃自己,依然努力拼搏,一定会有出头的那一天。在卫青年龄稍大一些,他就结束了在家里"奴畜之"的苦日子,被选到平阳侯府作骑奴,从此也碰到了他人生的第一位贵人——平阳公主。平阳公主不仅是卫青一个人的贵人,还是卫氏全家的贵人。平阳公主把他的姐姐和他都举荐给了汉武帝,从此他们一个成为后宫的宠妃,一个成为汉武帝的亲信。从此他的人生便如开挂一般,开始平步青云。

《史记·卫将军骠骑列传》载:青壮,为侯家骑,从平阳主。建元二年春,青姊子夫得入宫幸上。皇后,堂邑大长公主女也,无子,妒。

卫青到了青壮年的时候,有了自力更生的能力,而且他吃苦耐劳的性格也被母亲看到眼里,所以他很快凭自己的能力被平阳侯府选中,离开了父亲家,到母亲身边平阳府中做骑僮,开始服侍平阳公主。谁也不能想到这个不起眼的骑僮到后来竟然兜兜转转,成为了平阳公主的驸马。

卫青能够摆脱家奴的身份,得益于他的主人平阳公主的举荐和姐姐卫子夫的得宠。在建元二年的春天,他的姐姐卫子夫摆脱歌者的身份,在平阳公主的蓄意引荐之下得以入宫幸上。平阳公主是当时皇帝汉武帝刘彻的姐姐,同时是刘彻特别喜欢和敬爱的姐姐。平阳公主不是一般的女流,她有自己的政治立场,希望能够在弟弟面前靠自身的能力拥有一席之位。而武帝刘彻自从继位以来,娶了馆陶公主的女儿阿娇为后,几年也无所出。于是有心的平阳公主便为自己的弟弟准备了她府上美丽温顺又能歌善舞的卫子夫。在平阳公主的精心策划之下,繁忙的武帝终于有机会到姐姐的府上欣赏歌舞了,平阳公主和卫子夫的机会到了。武帝来之前,公主拍了拍卫子夫的后背说："苟富贵，勿相忘。"在天时地利人和的情况下，武帝宠幸了卫子夫，同时还把他带回了皇宫。能被高傲的汉武帝一见倾心，由此可见，卫氏姐弟都是人中龙凤，他们自身的资质和才艺肯定有其过人之处。

武帝宠幸卫子夫并不仅仅是他好色的表现，功过千秋的汉武帝并没有这么肤浅。他对卫子夫的爱意也没有那么深刻，这只是他准备在政治上唯才是用的一种表现而已。在朝野，他可以唯才是用，不论出身，不让舅舅田蚡等旧的贵族势力成为他的牵绊。在后宫他也要奉行这种政策，他的皇后阿娇在辅佐他走上皇位的道路上起到了至关重要的作用。但是皇后一族所代表的旧势力对他的牵绊也逐渐成为他大展宏图的阻碍，他可以金屋藏娇，可以称自己岳母的男宠为"董君"，但是他绝不容许外戚干政，他也不想自己身边再有一个像自己母亲和奶奶那般精明和强势的女人。而卫子夫这个被姐姐准备好的，没有一丝根基的温顺聪明的女人无疑是最适合他的。

卫皇后的得宠，使得卫青摆脱了骑奴的生涯，找到了一份正式的工作，入朝成为给事建章，是属于汉武帝在上林苑离宫中的一支亲近骑兵随从。给事建章虽然只是一个小的官职，但是能够经常接触到皇帝，自然才能也容易被汉武帝所发现，这为卫青今后的平步青云打下了基础。卫青勤恳有为的工作态度也深得汉武帝的赏识。

本来卫青在仕途上要想再进一步还得熬上若干年，却不想这个时候有一个急不可耐的人帮了他。这个人不是他的姐姐，而是他姐姐的死对头陈皇后。陈皇后长年无子，特别妒忌卫子夫。陈皇后的母亲大长公主对自己的女儿宠溺有加，听闻卫子夫得宠，还有了身孕，就让人去抓捕卫青，并且想要杀了卫青泄愤。

《史记·卫将军骠骑列传》载：大长公主闻卫子夫幸，有身，妒之，乃使人捕青。青时给事建章，未知名。大长公主执囚青，欲杀之。

大长公主想要杀了卫青给卫子夫一个下马威，只可惜她们的如意算盘打错了。卫青的好朋友公孙敖率领一批人冒死救下了汉武帝的小舅子卫青，从此他们两个人的仕途也开始兴旺发达起来。

《史记·卫将军骠骑列传》载：其友骑郎公孙敖与壮士往篡取之，以故得不死。

而这也使得陈皇后的计谋东窗事发，武帝恼羞成怒，为了惩戒以阿娇为首的旧势力，重责了陈皇后一族，重赏了卫青一族。

《史记·卫将军骠骑列传》载：上闻，乃召青为建章监，侍中，及同母昆弟贵，赏赐数日间累千金。孺为太仆公孙贺妻。少儿故与陈掌通，上召贵掌。公孙敖由此益贵。子夫为夫人。青为大中大夫。

卫青从此开始平步青云，由建章监升任侍中、大中大夫。短时间内连续晋升，可见其才华深受汉武帝的赏识，这为卫青后来在战场的重用打下了坚实的基础。

尤其是卫青升任大中大夫，为他后来以将军的身份出兵匈奴铺平了道路。大中大夫的官职来源于秦代，亦作"太中大夫"，负责议论，是一个闲散职务，荣誉称号，秦汉时候级别虽低，但可以进言给君主。所以卫青可以经常出现在汉武帝的左右，进言给汉武帝，这便增加了汉武帝发现卫青军事才干的机会。同时汉武帝一朝削弱了以丞相为首的外朝权力，使丞相一职成为听从皇帝命令的摆设。汉武帝在决策的时候，常会问策于大中大夫卫青、韩嫣，中大夫庄助，常侍郎东方朔，侍中朱买臣、博士公孙弘、董仲舒等，他们这些皇帝的亲信俨然成为与三公九卿制度对立的内朝。

直捣龙城

汉武帝在内政方面锐意革新，亲信内朝成员，制定了盐铁官营制度。同时还实施均输法与平准法，国库从此充盈。为他与匈奴一战奠定了坚实的经济基础。

前面提到了在马邑之谋失败之后，汉武帝被迫采取了先前的和亲政策。马邑之谋武帝的诱降政策虽然没有实现，却让汉匈之间撕破了脸皮。匈奴对于汉朝的诱兵之计耿耿于怀，不久便开始疯狂报复。白羊王、娄烦王频繁出兵，攻击渔阳、右北平、上谷一线的集镇，掳走人口，烧光村落。一时间汉匈边境烽烟四起、一片狼藉。面对匈奴肆无忌惮的侵扰，一场真刀真枪的正面迎击战迫在眉睫，而经历了马邑之围的失败，武帝看清了韩安国等旧式将领更适合守边，新式的战争需要能够长途奔袭到匈奴内部，给匈奴以致命一击的年轻将领。正值青年的卫青恰好符合以上的要求，就此登上了军事征伐匈奴的舞台。

《史记·卫将军骠骑列传》载：元光五年，青为本骑将军，击匈奴，出上谷；太弘公孙贺为轻车将军，出云中；大中大夫公孙敖为骑将军，出代郡；卫尉李广为骁骑将军，出雁门，军各万骑。

卫青的首次出击是在公元前129年，汉武帝终于让卫青以将军的身份派上战场了，他培养多年的羽林军终于迎来了实战的首秀，他的心里是既期待又迷茫的。旧式的名将让他失望多次，但他依然不得不倚重这些老臣，新培养的卫青、公孙敖还没有拿得出手的业绩。所以汉武帝在此次出征中做了一个大胆的决定，那就是不设中军主将，四将各自为战，互不隶属，互不节制，各领一万军骑。让他们各自凭借自己的本领来开辟一场属于自己的战争之路。这也是汉武帝对他手下的骑兵和将领的一次检验与考核，谁能顺利通过这场考核，谁就能够胜任出击匈奴的重任，谁就能成为下次战役的主帅。

这次战役的部署为：卫青出上谷，李广出雁门，公孙贺出云中，公孙敖出代郡，越过长城，去寻找匈奴。汉武帝没有给他们制定明确的作战目标，也不定行军路线，一切以领军将领个人意愿为准，去匈奴人的草原大漠，找到他们，狠狠予以打击。而汉武帝则在长安，等待他们杀敌立功的消息。丞相府及属官暂停一切其他活动，连同大农令一起筹备大军出战所需粮草，务必足额拨付。

四位将军所率领的部队都是军中精锐，大部分来自羽林骑，都是建章宫监卫青领众校尉训练出来的。除了兵士，四位将军所属将校配备各不相同，李广还是他的老一套，所选校尉均是多年的老部下，卫青则配备了郭昌、荀彘、张次公、苏建等人，他们都是卫青的老相识，用起来顺手，公孙贺、公孙敖二人也选了精干的校尉。

卫青率领大军先到北地郡，稍做休整，继续北上到达上郡，最后穿过雁门郡辖区，抵达此次出征的大营——上谷。汉军四路出击，根本不可能做到保密，所以索性大张旗鼓地前进，匈奴方面很快就得到了消息。他们看到汉朝在短短的几年内就培养出精锐的四万骑兵，自然是不敢小觑。而且汉军竟然斗胆深入草原腹地，这也是汉匈对峙几十年的第一次。不过他们把目光都集中到了让他们闻风丧胆的飞将军李广以及公孙贺身上了，公孙贺是当年上谷郡守公孙浑邪之子，很自然地被列入了他们重点进击的名单。至于卫青和公孙敖,都是汉军中的新人,尚未有名头,自然也就未被匈奴放在心上。

卫青部悄然离开上谷,径直向北而去,进入东胡控制区。上谷郡始建于战国燕昭王姬平二十九年,郡治在今河北省张家口市怀来县小南辛堡镇大古城村北,现存沮阳遗址,因建在大山谷上边而得名。上谷郡为燕国北长城的起点。其地北以燕山屏障沙漠,南拥军都俯视中原,东扼居庸锁钥之险,西有小五台山与代郡毗邻,汇桑干、洋河、永定、妫河四河之水,踞桑洋盆地之川。所辖范围大致包括今张家口市怀来县、宣化、涿鹿县、赤城县、沽源县以及北京延庆县等地。

此次出征,是真正意义上的首战,大汉帝国对侵略者的反击就此开始。卫青知道皇帝的心意,所以他将目标定在了匈奴腹地——圣地龙城。龙城,是匈奴的祭天之处,位于今天蒙古国鄂尔浑河西侧的和硕柴达木湖附近。匈奴是一个游牧民族,平日里居无定所,四处游牧,只有在特定的时间里,才有机会聚集到一起,祭祀祖先和神灵。所以,龙城是匈奴人心目中的圣地,是神圣不可侵犯的尊严所在。要达成皇帝震慑强敌、对外宣战的目的,再没有其他地方比龙城更加合适。

卫青将麾下一万军骑分成三部分,他自领五千人居前,苏建和张次公各领两千人分居左右两侧,和主将拉开有两三里的距离,一旦行踪暴露,大军左右皆可呼应,互为犄角之势。为防后背受袭,荀彘和郭昌领一千人断后。卫青的计划大胆,超出了汉军以往的思维方式,他料定,非但匈奴人不会察觉,就连汉军也被蒙在鼓里。卫青骑马驰骋在队伍的最前面,一道道军令传达下去,全军以急行军的速度前进。待到天刚放亮之时,原来脚下丰美的草原已经变成了戈壁滩,这里就是沙漠的边缘地带。

匈奴人最重视的还是李广,军臣单于的大军和伊稚斜大军早在李广军队的南北两处集结完毕。很快李广的军队与匈奴的主力展开了一场殊死的骑兵之战,两军实力悬殊,且匈奴人数占优,战果可想而知。

汉军中，只有李广父子及几个校尉能持硬弓和敌人对射。李广箭无虚发，敌人纷纷落马。可这股力量实在太小，很快淹没在两军混战之中。李广拔出宝剑，准备近身肉搏。此时，汉军已经溃不成军，纷纷丢盔弃甲，四处逃窜。兵败如山倒，此言不虚。不过半个时辰的工夫，一万汉军骑兵死伤者十之八九，只有李广还在坚持战斗，他的身边都是那些生死相随的老部下。盛名之下无虚士，李广之勇果然超然绝伦，仅剩下一人却做到数十名敌人难以近身，敌人只好偷袭胯下战马，战马中箭倒地，李广摔了下来。但是匈奴骑兵得到了伊稚斜的嘱咐，要抓活的李广，所以李广暂时没有性命之忧。最终李广不但被擒，还受了伤，怎样把这个宝贵的俘虏运回去呢？匈奴兵经过研究之后，才发明了一种临时行军床，就是把两匹马连在一起，中间用绳索结成床面，让李广稳卧在上面，准备回去向单于报功。这样走了十多里路，李广一直有气无力，索性装起死来，丝毫不动，却偷眼看到身旁有一个年青的匈奴人骑了一匹好马，缓缓地走着。他趁着对方不注意，腾身跃上了这个青年匈奴人的马背，把对方推下马去，还夺取了对方的弓箭，策马南驰数十里，最后和他自己的残余部队会合在一起。当他率领的部队要入塞的时候，匈奴的数百名"捕者骑"追下来了，他急用胡儿的弓箭，射杀了这些追兵，才得以逃回塞内。

就在李广与敌激战之时，卫青大军也悄然上路。全军整齐列队，卫青驻马号令全军："前面不过三十里，就是我们此战的目的地，匈奴的圣地龙城，勇士们，复仇的时刻到了，想想上谷的焦土，想想我们的家园，用你们的刀和剑，划破敌人身躯，砍下敌人头颅，为我们的亲人复仇吧！"

防守龙城的都是匈奴贵族子弟，他们的人数不过一千。原来，因为汉军来袭，龙城守军纷纷请缨出战，大单于特准其中的两千人随军征战。卫青一马当先，身先士卒，很快，匈奴人溃不成军，四处逃散。

汉军在上林苑中驰骋骑射多日，如今才找到感觉。实战果然不同，本着练兵的想法，卫青索性摇动令旗，下令全军各自为战，自由追击。匈奴千余人，不消一盏茶的工夫便土崩瓦解，除极少数的骑兵逃走之外，大部分或死或伤，倒地不起。卫青传令："全军迅速清点损失，砍下敌人头颅！"不是卫青残忍，只是汉军历来都是以首虏率计算战功，所谓首虏率，是按照敌军的首级数和获俘数量评定军功的标准，要上报战果，非得要敌人的脑袋不可。

龙城守军千余人，被斩首七百六十三人，卫青挑出其中尚能乘马的几十人，还有留守龙城的匈奴巫师，一并押解前往汉地。此乃深入敌境，与匈奴在其腹地展开的第一战。虽然杀敌不多，但是达到了汉武帝亮剑的意图，给敌人当头一棒，震慑了狂妄自大的匈奴人，提振了汉人的士气，一扫昔日畏匈奴如虎的怯懦。

此时，在不远处的元朔草原上，公孙敖急得如同热锅上的蚂蚁。出塞已经数日，他只遇到了几股零散的匈奴游骑前来骚扰，连匈奴大军的影子都没见到，派出去的几拨斥候也不见了踪迹。眼见粮草日渐减少，公孙敖和众校尉一筹莫展。

在不远处，匈奴白羊王、楼烦王倾其所有，集结近两万大军，早就布下埋伏。只待军臣单于收拾了李广，便诱使公孙敖进入埋伏圈。匈奴人像草原上的野狼，耐心等待猎物上钩。

这两万人马几乎就是白羊王、娄烦王的所有家底儿，跟随在两万大军之后的是七八万牧民。匈奴传统如此，平日里，匈奴行军打仗以抢劫为主，牧民跟在骑兵后面，能趁机捞不少便宜。

公孙敖果然上当了，中了埋伏，敌众我寡，失败是必然的。最终损失七千余人。

公孙贺在军中多年，虽然比不上李广声名显赫，但也享誉大汉。此次，是他首次独立统兵，所以万事小心翼翼。对付他的是浑邪、休屠两部，两部动员了所有骑兵，准备给公孙贺以狠狠一击。公孙贺早就有所觉察，死守营寨不出，匈奴人骑兵的优势，本就在于运动战。公孙贺的营寨颇有章法，汉军龟缩不出，休屠王、浑邪王一筹莫展。后来，公孙贺悄悄拔营撤寨，连夜向汉境后撤，待到匈奴人发现，急追上来的时候，汉军已经离边城代郡不远。匈奴疑心，不敢追击，公孙贺部才得以全师而退。

最终的战果是："青至茏城，斩首虏数百。骑将军敖亡七千骑，卫尉李广为虏所得，得脱归，皆当斩，赎为庶人。贺亦无功。"李广被匈奴俘虏，全军覆没；公孙贺遍寻不见，未能遇敌，全师而还；公孙敖遇敌激战，折损七千余骑。

此次卫青直捣龙城，横扫匈奴的祖宗圣地，虽为小胜。但是却自此彻底扭转了汉朝长期被动挨打的局面，一雪汉高祖白登之围的耻辱。汉武帝自此彻底放弃了丧权辱国的和亲政策，开启了汉与匈奴正面对峙交锋的新政局。

新的时代，必将有翻天覆地的变化，对匈奴人如此，对汉人亦如此。待激情平复，内侍宣旨，依汉律，卫青因军功封关内侯，赐食邑三百户，麾下校尉各提爵位一级，英勇杀敌，斩获敌人首级的普通士兵也依次授爵封赏。

汉承秦制，沿用秦二十等爵，爵位封赏制度严格。关内侯是汉朝爵位二十等之第十九级，一般是有封号，无国邑，作为对立有军功之将的封赏，食邑是按户数征收租税，无行政管理职权。对于平民来说，爵位就意味着社会地位，是普通百姓出人头地的一种途径，最常见的途径便是军功。汉朝历来以军功行赏罚之事，封侯赐爵，看重的是首虏率，所以大部分官员虽然身居高位，却并没有太高的爵位，而卫青年纪轻轻就以斩首虏数百的军功封侯可谓平步青云。

雁门大捷

龙城小胜之后，匈奴人气急败坏，加紧对汉匈边塞的侵扰。元光六年冬，韩安国以抱病之身领材官将军职，带兵奔东方而去，路途遥远，韩安国十分辛苦。按照皇帝的部署，韩安国收缩防线，将大军收缩到渔阳、右北平一线，实行坚壁清野，全面防守的策略。

这一战术很快奏效，匈奴时常出动小股骑兵前来骚扰，但汉军坚守不出，依托城墙以弓弩拒敌，匈奴人无计可施，侵扰的次数也大大减少，后期索性销声匿迹了。

但是匈奴人的气焰并没有就此熄灭，到了第二年的春天，匈奴人再次突破了韩安国的防线，将他围在了内城，幸亏附近郡县守军及时相救，韩安国才捡回一条命。经此役，他受到了极大的惊吓，原本就未愈的病势愈加沉重。匈奴人陆续攻破了几处城镇，洗劫一空，掳走了汉人千余，所过之处，尽成焦土。形势紧逼，汉武帝命李广飞驰赶往右北平，解救韩安国于水火之中。

与匈奴又一次对决已经迫在眉睫，汉武帝在未央宫传下号令，命卫青率领三万骑兵，出征匈奴，此次出征的目的地为雁门。雁门位于山西代县，历来是兵家必争之地，东临隆岭雁门山，西靠隆山，两山对峙，形如阙门，每年大雁往返其间，故称雁门。春秋战国时期，赵武灵王在此设置雁门郡，秦朝未改，汉袭秦制，依然为雁门郡，到唐朝撤郡，改名雁门关。战国时期赵国大将李牧常驻雁门，凭借吴城之险，慎重防守，击败匈奴十万人马。由此可见卫青出击雁门具有深远的战略意义。

卫青领了虎符，即刻回营筹备。此次出战，意在回击匈奴，目的很明确，那就是找到敌人与之一战，不管胜负如何，即刻回撤。大军轻装简行,只带了行军口粮,沿着驰道飞速前进,一日行军二百里,数日后便到了雁门,大军稍做休整,只带了五日干粮,便越过长城,杀向草原腹地。

匈奴那边,满载而归的他们正沉浸在喜悦当中,军臣单于连日饮酒作乐。上行下效,一时间单于本部骑兵整个放松下来。此役持续数月,匈奴自认为重创了汉朝,汉军只有挨打的份儿,压根就没想到他们会长途奔袭,所以基本没设岗哨。

当卫青的军队出现在雁门关的时候,匈奴人的注意力都集中在渔阳、右北平一带的胜利上,并没有留意雁门关的防守。所以卫青部队的到来犹如天兵天将一般,最终旗开得胜,以绝对性的优势给了匈奴以重创,以斩首千余人的战果而告终,胜利地完成了还击匈奴的目的。雁门大捷也是卫青首次独立领兵出击匈奴的开始。

收复河南

雁门大捷之后,匈奴并没有停止对大汉的侵扰,反而愈演愈盛,有史料为证:

> 《史记·韩长孺列传》载:安国壁乃有七百余人,出与战,不胜,复入壁。匈奴掳掠千余人及畜产而去。天子闻之,怒,使使责让安国。徙安国益东,屯右北平,是时匈奴俘虏言当入东方。……安国既疏远,默默也;将屯又为匈奴所欺负,亡失多,甚自愧。幸得罢归,乃益东徙屯。意忽忽不乐,数月,病欧血死。安国以元朔二年中卒。

> 《史记·李将军列传》载:居无何,匈奴入杀辽西太守,败韩将军,韩将军后徙右北平。于是天子乃召拜广为右北平太

守。……广居右北平，匈奴闻之，号曰"汉之飞将军"，避之，数岁不敢入右北平。

《史记·卫将军骠骑列传》载：明年，匈奴入杀辽西太守，虏略渔阳二千余人，败韩将军军。

元朔二年的边境，匈奴人率领本部的精锐骑兵，带着被卫青打败、损失千余人的愤怒，披坚执锐，势不可挡，一日便再次攻破了城防尚未完全修复的辽西郡，韩安国来不及部署救援，匈奴人就已经破城，杀辽西太守，抢劫财物无数，再次掳走了两千多人。辽西，指辽河以西的地区，今辽宁省的西部以及河北省山海关以北。辽西是典型的大陆文化与海洋文化兼有的地区，是中原地区进入东北的必经之路，历来是兵家必争之地。

韩安国带病领军出战，无奈守军只有七百余人，匈奴人多势众，战况可想而知，匈奴大胜之后入城又大肆劫掠了一番，掳走汉边民千余人及牲畜粮食若干，放火烧了城防设施，两城防御付之一炬。

汉武帝听到韩安国战败的消息，异常愤怒，派遣使者下旨谴责了韩安国。当时有匈奴的俘虏说过匈奴下一次的入侵点应该在右北平一带，韩安国只好再次迁往更遥远的东方，全军驻守在右北平。汉代右北平郡是防御匈奴的北方重要边郡之一，右北平郡的郡治在平刚县平刚城（治今内蒙古宁城县西南）。汉武帝害怕韩安国一个人难以应对匈奴的侵扰，又派了屯军雁门、云中的李广支援韩安国。当他的部队星夜兼程赶到战地时，匈奴人因为害怕李广"飞将军"的名号便扬长而去，右北平迎来了数年的安乐时光，因为李广的威名匈奴暂时不敢进攻右北平。韩安国听说李广率军入城，便放下心来，因为常年征战异常劳累，再加上汉武帝的苛责，心情颇为沉重，在李广驰援的数月之后，最终阒然长逝。

韩安国为人极具谋略，有大才，堪称国器，司马迁评价其为："推贤见重，贿金贻谤。雪泣悟主，臣节可亮。"只可惜一代名将没有迎来最终战胜匈奴的时刻。

此次匈奴开展的报复行动大获全胜，参战的匈奴人全都满载而归，全军完师而归，草原一片欢腾，匈奴人载歌载舞，美酒佳肴，大肆庆祝了一番。因为李广的到来边境迎来了短暂的和平，但是汉武帝需要的不是这片刻的宁静，他需要一场胜利来证明自己的实力，已经拥有强大兵力的汉武帝是不会让匈奴人掳掠过后就扬长而去的，他在谋划着一场和匈奴的主力正面交锋的大战。

为了回馈匈奴的侵扰，汉武帝召集将军校尉商议对匈作战事宜，卫青与匈奴正面交锋的第三次战役就要打响了。此次作战的目的地不是辽西和右北平，而是它西面的河南之地，就是要歼灭占据黄河南面的匈奴白羊王、楼烦王所部。河南之地，距关中不过七百里，是匈奴的富庶之地，是白羊王和楼烦王所部，此战的目的就是要将匈奴在河南之地的势力连根拔除，彻底消除这柄悬在京都长安头上的利剑，是一场京师的保卫战。这也是汉匈之间首次展开的阵地争夺战，比起前两次的龙城和雁门之战只是打跑长城沿线的匈奴军队的防御战不同，这次战争是一次有计划有组织的军事进攻。

《史记·卫将军骠骑列传》载：汉令将军李息击之，出代；令车骑将军青出云中以西至高阙。遂略河南地，至于陇西，捕首虏数千，畜数十万，走白羊、楼烦王。遂以河南地为朔方郡。以三千八百户封青为长平侯。青校尉苏建有功，以千一百户封建为平陵侯。使建筑朔方城。青校尉张次公有功，封为岸头侯。

这次战役涉及的几个历史上著名的军事要塞分别为：云中、高阙、陇西、代郡。卫青的行军路线为出云中西行至高阙最后再南行至陇西，李息从代郡出发接应卫青。这几个地域都是赵武灵王胡服骑射之后沿着长城一线设置的重要的抵御外族入侵的军事要塞。云中郡在今天内蒙古自治区托克托县,高阙是此次战役最重要的制高点,它是阴山山脉在内蒙古乌拉山与狼山之间的一处缺口,状如门阙,故有此名。陇西位于甘肃省东南部,因在陇山以西而得名,是兵家必争之地,在秦昭王时期始设陇西县。代郡辖山西阳高至河北蔚县一带。河南之地指的是河套以南的地区,并不等于今天的河套平原,它东西延伸到整个陇西、北地、上郡三郡的北境,大致范围就是从兰州开始黄河北流段以东,秦昭王长城以北、以西,阴山以南,赵国九原郡以西的这片区域。位于阴山以南的河套平原宜农宜牧,有"黄河九曲,唯富一套"的说法。这里是中原农耕文明与蒙古高原游牧势力角逐的前沿,双方都欲得之。

那么汉武帝为什么对匈奴的第一战役就要收复河南之地呢?主要因为河南之地在秦代原本就是中原的疆域,秦始皇的蒙恬将军就占领了这一片疆域,同时分两次从内陆迁徙人口约三十万至河套平原屯垦固边。直到秦末中原大乱之时,匈奴重新夺回了河南地,双方边界基本上重新回到蒙恬北征之前,秦始皇和蒙恬所做的一切都付诸东流。到了汉武帝时期国力增强,可以与匈奴一战,同时收复河南之地将对京都长安形成一个天然的保护屏障,所以收复河南之地是汉武帝首次对决匈奴的不二选择。从军事部署上来看,河南之地,犹如插入大汉疆域的一柄利刃,是匈奴多次南侵的出发地,从云中、雁门再到上郡,对河南正好形成了一个半包围态势。卫青领军出云中,沿黄河河套进行深远迂回,直达高阙,从高阙自北向南,直指陇西,是为了完成对白羊王、娄烦王部的战略包围。高阙位于匈奴右贤王领地和大单于本部之间,控制着北方草原通向河套的交通咽喉,地形复杂,骑兵难以展开,有一夫当关、万夫莫开之险。

为了配合卫青的主力南下,李息将军的出发地为代郡,向西北方向进发,而卫青所部从高阙南下,发现匈奴部落便可挥军接战,完成合围之势,让匈奴人北逃无路,东进有李息阻挡,只有向南逃窜,卫青所部可趁机围歼河南之敌。

同时为了配合骑兵的特点，卫青此次出击依然采取闪电战的策略，不带太多的粮草辎重，以加快行军的速度。

就这样卫青的军队从现在的内蒙古托克托县出发，沿黄河南岸转战渡河至高阙塞，再经过现在的宁夏东部进入甘肃，这真是中国历史上一次空前的远征，跨越三省，长亘数千里，行军路线异常艰辛。高阙塞是右贤王和匈奴单于本部势力的空白区，连绵起伏的阴山山脉在这里有一个大缺口，这是黄河河套几字形大弯的顶部，是北岸最为重要的咽喉要道，守住这道口子，便可以阻断右贤王和河朔的联系。

在草原上作战，最大的问题不是遭遇敌人，而是找不到敌人。所以当时的将领多因迷途、失期等等获罪。幸运的是准备周全的卫青大军和措不及防的白羊王、楼烦王所部展开了正面交锋。汉军的长戟和匈奴的弯刀展开了正面交锋，桀骜的匈奴人被汉军的突袭震惊了，他们不知道汉军的骑兵竟然如此神勇，匈奴人的心理防线被鲜血击垮了，求生的本能战胜了自信和荣誉感，战局出现了一边倒的态势。汉军以摧枯拉朽之势，横扫小半个河套。而白羊王和楼烦王在汉军的猛攻之下，放弃城池，坐上皮筏子逃窜到黄河以西，投奔休屠王和浑邪王了。

至此，盘据河南之地数十年的匈奴，终于被彻底消灭。白羊、楼烦两部除了大量骑兵被歼灭，还有数倍于此的牧民因此丧失了家园，或就近投奔休屠王、浑邪王，或仓皇渡过黄河，直奔右贤王和大单于的领地，河套草原再无敌人一卒一车。

有了西线的胜利，李广在右北平的压力减轻了不少。伊稚斜得知败局已定，河套丢失，也是颇为惊惧。三次正面交锋，让他深刻感觉到卫青用兵之出神入化，不可揣测。他怕卫青继续率军北上，威胁到他的王庭；更怕汉军东进，和李广联手夹击。在一番纠结之后，下令撤军了。

卫青和李息的军队返回长安后，皇帝盛装，文武大臣、宗室贵戚齐聚一堂，皇帝颁旨嘉奖有功将士。汉武帝对于此次战役总结为：

> 匈奴逆天理，乱人伦，暴长虐老，以盗窃为务，行诈诸蛮夷，造谋藉兵，数为边害，故兴师遣将，以征厥罪。诗不云乎，"薄伐玁狁，至于太原"，"出车彭彭，城彼朔方"。今车骑将军青度西河至高阙，获首虏二千三百级，车辎畜产毕收为卤，已封为列侯，遂西定河南地，按榆溪旧塞，绝梓领，梁北河，讨蒲泥，破符离，斩轻锐之卒，捕伏听者三千七十一级，执讯获丑，驱马牛羊百有余万，全甲兵而还，益封青三千户。卫青以车骑将军身份统领全军，横扫河南，彻底肃清河套之敌，解除匈奴对京都长安的威胁，厥功至伟，封长平侯，加封食邑三千户；校尉苏建，辅佐车骑将军，领军杀敌有功，封为平陵侯，食邑一千一百户；校尉张次公，身先士卒，冲锋陷阵，封为岸头侯，食邑八百户；其余校尉郭昌、荀彘、李沮、赵信各有封赏，有功军士一一按军法赐爵位田宅。

卫青以车骑将军的身份统领全军，横扫河南，彻底肃清河套之敌，解除匈奴对京都长安的威胁，厥功至伟，封长平侯，加封食邑三千八百户；校尉苏建，辅佐车骑将军，领军杀敌有功，封为平陵侯，食邑一千一百户；校尉张次公，身先士卒，冲锋陷阵，封为岸头侯，食邑八百户；其余校尉郭昌、荀彘、李沮、赵信各有封赏，有功军士一一按军法赐爵位田宅。此战彻底解除了匈奴对汉朝京都长安的直接威胁，作为大汉帝国的皇帝，刘彻再也不用提心吊胆，日日忧心匈奴何日会突然来袭。

汉武帝对此次战役非常满意，此役消除了边庭匈奴兵患，展示了大汉国威。当下又有大臣提议，河南之地肥沃丰饶，又有黄河作为天险，故秦大将蒙恬当年曾筑城屯田，派兵据守。其地扼守咽喉，对外可驱逐匈奴，对内可省下粮草辎重装运费用，可以仿效秦制，在此设置郡县。从此朔方郡便诞生了，《史记》载朔方郡的来源为《诗经》名句"薄伐玁狁，至于太原，出车彭彭，城彼朔方"。

武帝还把修筑朔方城的重任交给了跟随卫青出征有功的平陵侯苏建，命苏建为将军，征调民夫十万众，前往河南地，筑朔方城。同时，还要修复故秦蒙恬将军所建要塞关卡，利用黄河之水为屏障，屯军开田，据守河套。

拜大将军

收复河南之后，匈奴在第二年便展开了疯狂的攻势。这是匈奴在继秦蒙恬将军之后的首次大败，而且还丢失了疆土，自然不会善罢甘休。卫青的第四次出击便在朔方郡筑成后的元朔五年春打响了，这次的敌人是匈奴的右贤王。右贤王为了报夺取河南之仇，在两年内加紧对汉边的侵扰。

> 《史记·卫将军骠骑列传》载：其明年，匈奴入杀代郡太守友，入略雁门千余人。其明年，匈奴大入代、定襄、上郡，杀略汉数千人。

右贤王在河南之战中表现不佳，令伊稚斜单于大为不满。此次右贤王主动请缨，南下侵略汉朝。

> 《史记·卫将军骠骑列传》载：其明年，元朔之五年春，汉令车骑将军青将三万骑，出高阙；卫尉苏建为游击将军，左内史李沮为强弩将军，太仆公孙贺为骑将军，代相李蔡为轻车将军，

皆领属车骑将军，俱出朔方。大行李息、岸头侯张次公为将军，出右北平，咸击匈奴。

汉军在经过两年的休养生息之后，在元朔五年春，对匈奴右贤王实行犁庭扫穴的军事行动，共率兵力十万余人，可谓是全员出动，不捣毁右贤王的老巢誓不罢休。这一次出击的阵容配备和出发的地点如下：卫青为车骑将军率三万骑出高阙，卫蔚苏建为游击将军，左内史李沮为强弩将军，太仆公孙贺为骑将军，代相李蔡为轻车将军，其余这几位将军俱出朔方。同时汉武帝还派出了大行李息和岸头侯张次公为将军，俱出右北平。汉武帝将精锐部队全部派出，意在新筑成的朔方城下一战，保卫朔方城，并有效歼灭匈奴右翼的有生力量。

从汉武帝选将中可以看出汉武帝对此次战役的重视，丞相和太仆都作为将军走上了战场。丞相在三国以后为中国古代皇帝的股肱，典领百官，辅佐皇帝治理国政，无所不统。太仆是九卿之一，是秦汉时主管皇帝车辆、马匹之官，后逐渐转为专管官府畜牧事务。这次出击匈奴任命代相李蔡为轻车将军，太仆公孙贺为骑将军，卫蔚苏建为游击将军，左内史李沮为疆弩将军。汉武帝将朝中的重臣都放到了战场上，可见皇帝对此役的重视；这些大臣的职位都比卫青高，还让卫青作为三军的统帅，让他们都听命于卫青，可见汉武帝对于卫青的重视。

在这次朔方保卫战中，汉武帝把主要的军事任务都交给了卫青，让他作为先行军从高阙出发对付右贤王的主力。其余四路大军都从东南面的朔方郡出发，作为卫青大军的后备和补给。同时为了阻止东方的左贤王部来支援，大行李息和岸头侯张次公为将军，俱出右北平。

此次出击，卫青的三万人马担负着主要的军事任务，卫青的行军路线是出朔方西北，过高阙，单枪匹马直趋右贤王的王庭。苏建部、李沮部、公孙贺部、李蔡部均从朔方郡出发，向东西南北四个方向行军，防止匈奴的主力驰援右贤王，牵制伊稚邪单于的主力，为卫青击溃右贤王部争取较多的战争时间。李息部和张次公部出右北平，他们的任务是牵制东北一线匈奴单于的主力，策应卫青的攻击并且截断右贤王和匈奴单于的联络。如此部署，可谓形成一张四面设伏的天网，卫青可以后顾无忧地与右贤王部一战，就等着右贤王部落网。

右贤王的王庭设立在外蒙古，大汉王朝对于匈奴的地势不熟悉，历来只有匈奴进攻大汉的份，但大汉却从未抵达过外蒙古的王庭。所以右贤王在了解了汉军的部署之后，就下令全军远遁，在草原上安营扎寨，想利用草原的天险来抵御卫青的三万骑兵，让他们在茫茫草原中迷失方向，最终弹尽粮绝，达到不战而屈人之兵的目的。

殊不知，武帝一朝的将领已今非昔比。卫青所部熟悉草原地形的将士大有人在，而且大汉的骑兵经过艰苦卓绝的训练，已经练就了在草原上日行百里的本领，即便在夜里行军也不在话下。卫青在得知匈奴右贤王远遁的策略后，日夜加紧行军，以两倍于右贤王军队的速度火速追击，不曾停歇。所以就在右贤王放松警惕，安营扎寨，载歌载舞的午夜，卫青趁着夜色悄悄解决了右贤王的哨岗，率领三万铁骑就好似天兵天将一般连夜包围了右贤王的王庭。此时右贤王所部毫无准备，乱哄哄的匈奴人在卫青所部面前如同待宰的羔羊，右贤王的亲兵不过两千余人，他们虽然奋力抵挡，但终究寡不敌众。右贤王本人喝得酩酊大醉，看到如此情形，惊慌失措，仅带了他的一名爱妾和数百名骑兵突围而去。

《史记·卫将军骠骑列传》载：右贤王惊，夜逃，独与其爱妾一人壮骑数百驰，溃围北去。

可见其惊慌程度之甚。右贤王逃亡后，群龙无首，剩下来的右贤裨王十余人，及子民一万五千人，牲畜数十万，都作了汉军的俘虏。

这是汉朝第一次千里突袭的胜利，为后来霍去病夺取河西和漠北之地开创了先河，鼓舞了士气。卫青以决定性的胜利捣毁了匈奴右贤王的王庭，同时还捕获了一万五千余人的俘虏，斩首的敌军肯定更多，这可谓是空前的大捷，依照汉朝的奖罚律例，卫青和他的部将都将获得极大的奖励。

果不其然，汉武帝在朝内获得捷讯之后，马上派人持大将军印，到军中拜青为大将军，令他统帅所有讨伐匈奴的部队。从此卫青走上了人生的巅峰，成为三军主帅。

汉武帝为了奖励这次出击的将领，特发如下的封赏命令：

一、大将军青躬率戎士，师大捷，获匈奴王十有余人，益封青六千户。

二、封青子伉为宜春侯，青子不疑为阴安侯，青子登为发干侯。

三、护军都尉公孙敖三从大将军击匈奴，常护军，傅校获王，以千五百户封敖为合骑侯。

四、都尉韩说从大将军出窳浑，至匈奴右贤王庭，为麾下搏战获王，以千三百户封说为龙额侯。

五、骑将军公孙贺从大将军获王，以千三百户封贺为南窌侯。

六、轻车将军李蔡再从大将军获王，以千六百户封蔡为乐安侯。

七、校尉李朔，校尉赵不虞，校尉公孙戎奴，各三从大将军获王，以千三百户封朔为涉轵侯，以千三百户封不虞为随成侯，以千三百户封戎奴为从平侯。

八、将军李沮、李息及校尉豆如意有功，赐爵关内侯，食邑各三百户。

汉武帝的赏赐不可谓不高，除却卫青的三子在襁褓中就封为侯之外，跟随卫青的十名校尉均一战封侯，而且还都获得了不同户数的封邑。

下面我们来介绍一下这个象征着政治和经济特权的食邑制度，从汉初郡国并行，到武帝"作左官之律，附益之法，自后诸侯王唯得衣食租税"，食邑制度便开始稳定下来，它既是军政实权的一个象征，同时还存在经济效益。清代学者赵翼在其著作《陔余丛考》中，将汉代的食邑制与唐朝后期的食邑制度做对比，指出"秦、汉时，列侯无封国者曰关内侯。其有封地，则即食某地之户，而自遣人督其租。"

意思是说得到食邑的封户是一种政治的承认，一般只有成为侯爵才会有封户，此役公孙敖、李蔡、李朔等等都一战封侯，政治地位显著提升，进入了管理的中心位置，同时还赢得了自己的封户。封户更多是一种经济利益的象征，有封户的将军在享受着自己的日常俸禄的时候，还能得到所有封户的税赋收入，比如说公孙敖、李蔡、李朔都是千户侯，可以把一千户的赋税收入装入自己的囊中，这些金钱不需要向朝廷缴纳税费，完全是千户侯个人所得。这笔收入非常庞大，达到一千户人家三分之一或者四分之一的收入，可见千户侯都是富豪。同时封邑还能世袭，能够保障子孙后代世世代代都享受着荣华富贵，当然这是建立在自己的政治生涯顺利的前提下。其中最大的富豪当属大将军卫青了，不但在军中就地加封大将军，类似于现代的开国元帅一职，同时还加封食邑六千户，加上河南之战赏赐的三千八百户，将近万户侯，就相当于现在一个乡镇的财政收入都在他一个人手里，而他尚在襁褓中的三个儿子也都得到了封侯。汉武帝可谓把最高的荣誉都给了卫青，而卫青此时也达到了人生的巅峰时期，至此之后的奖赏再也无出其右者。

此一役提高了卫青在军中的威望，众将士都觉得跟随卫青是最好的出路。但是天生隐忍的卫青，并没有因此而效仿社会名流养士，他的低调，是汉武帝欣赏他的原因所在。却也是他终身成就斐然，鲜少有人宣传的原因所在。只懂得沙场征战，却不懂得结交权贵，经营自己的人生，这也局限了他在历史上的荣光，不过千年过后，他的荣耀早已经深深地刻在了右贤王的王庭之上。

六次出击

战争的成就是喜悦的，但是参与战争的将领和将士们却是异常劳累和艰辛的。尤其是作为三军主帅的卫青，从部署战争的策略、研究战争的路线以及成败的概率等等，都是殚精竭虑的，不知道有多少个不眠之夜在等着他。在经历了大封侯的喜悦之后，经过短暂的休整，还不到一年的时间，又迎来了第二次战役。

右贤王在大败之后自然不会善罢甘休，在元朔五年的秋天便又重新骚扰代郡，射杀了都尉朱英。汉匈之间的一场大战，不可避免。

《史记·卫将军骠骑列传》载：其明年初大将军青出定襄，合骑侯敖为中将军，太仆贺为左将军，翕侯赵信为前将军。卫尉苏建为右将军，郎中令李广为后将军，右内史李沮为强弩将军，属大将军，斩首数千级而还。

元朔六年二月，第五次出击匈奴的战役打响了。卫青选择在初春出击，是因为匈奴属于高寒地带，在初春时节，小草都没有发芽，马瘦人闲，汉军可以一击而破之。本次出击匈奴的任务，是寻找匈奴单于的主力，与之一决雌雄，将他们消灭在家门口。这是卫青在担任三军统帅之后首次向匈奴伊稚斜单于所率的精锐部队发起的挑战。此次出击将领的阵容为：卫青为大将军，统领公孙贺、公孙敖、赵信、苏建、李广、李沮六位副将。

此次战役出发的地点是定襄（今山西右玉县以北），卫青领军两万先行，他的目标是匈奴的王庭方向，他将最凶悍的敌人留给自己。其他各路人马分头行动,可进退自由。

右贤王率军到达王庭,对于卫青这个老对手,右贤王还是颇为忌惮,眼下草原正是青黄不接的时节,军马不够肥壮,士兵无精打采显然不是作战的好时机。伊稚斜单于的命令他不敢违抗,可让他的儿郎去送死,他也不愿意,所以他的战略方针为速战速决。

卫青率领的汉军主力怀着为代郡百姓报仇雪恨的心情与右贤王的军队正面交锋,右贤王发现卫青所部准备充分,补给部队源源不断,交战不久就下令回撤,汉军最终斩首千余级,小胜而归。

匈奴之所以退兵,是因为右贤王很清楚,卫青明白他的软肋所在,趁着春荒来攻,正是强悍的游牧民族最为虚弱的时候。眼下双方实力相当,一旦双方陷入对峙,势必旷日持久,既无粮草,又无后援,匈奴人肯定撑不下去。

匈奴人习性,卫青再明白不过,他们只会恃强凌弱,不会硬碰硬,他料定右贤王必退,不过他还是做好了打一场硬仗的准备。伊稚斜也料定卫青不会轻易追击,所以从容不迫地退去。

此次战役虽然寻找到了匈奴的主力,但没有正面地与之一战,不过就是这歼敌千人的小胜,也为汉朝迎来了一个多月的安宁。

寻找主力

转眼间就到了四月,草越来越茂盛,草原上的牲畜也恢复了体力,日渐肥壮起来,卫青估摸着伊稚斜按捺不住了,所以传令全线回军,按部署在定襄、云中、雁门驻扎,一来休养,二来做好战斗准备。果不其然,伊稚斜在漠北坐不住了,在一个风和日丽的下午,伊稚斜率领他的五万精兵回到漠南的王庭,匈奴各部也蠢蠢欲动,不断有各处的人马向王庭靠拢。

最终，十万匈奴骑兵分兵三路呈品字形向汉军压过来。

卫青复率六将军从定襄出发出击匈奴，是为第六次出击。此时的汉军与匈奴军势均力敌，从以前的畏敌避战，不经意间就到了积极求战的状态。卫青率领着汉军的精锐部队准备和单于的主力决一死战，却偏偏被苏建和赵信碰到了单于主力，他俩的兵力十分单薄，只有三千余人，并且和其他各部都失掉联系，经过一番苦战之后，苏建和赵信所部大败，损失惨重。幸而苏建勇武，得以突围出来，捡了一条命，迎接他的则是卫青和汉武帝的问责。苏建按照汉律当斩，但是卫青和他的副手们讨论了一番，决定把他押解回长安，把他的生死大权交到汉武帝的手中。

赵信原本是匈奴的一个小王，投降了汉朝之后，封为翕侯，此次兵败他害怕汉武帝的责罚，因为按照武帝一朝的律例，损兵折将过半无功而返就要被处以死刑，而无论对手强大与否。匈奴人趁机引诱他投降，他便率领了残部约八百骑投降了匈奴。西汉严苛的惩罚制度也是后来李广难封和众多将领投降匈奴的原因所在。

除却赵信的投降和苏建的全军覆没，卫青所部及其余小分队均大获全胜，斩获首虏万余级，加上第五次出击共斩获首虏一万九千余人，是历次战争斩获数量最多的一次。

在卫青五击及六击匈奴的战役中，涌现出一位卓越的年轻将领，他就是本书的第二个主人公——霍去病。他在元朔六年的两次战役中，都追随卫青出击匈奴。当时他还是一名年仅十八岁的少年，他是卫皇后的姐姐卫少儿之子，幼时常常进宫。他强健的体格，勇猛沉毅的性格以及娴熟的骑射技术，早在狩猎等场合就展现在汉武帝的面前。这时，汉武帝正在为进攻匈奴的新军事干部缺乏而忧虑，而霍去病的出现便仿佛如天降奇兵一般。为了培养锻炼霍去病，汉武帝特别诏令大将军卫青挑选了一部分最精锐的骑兵，拨归霍去病指挥，并且封他为"票姚校尉"。"票姚"意为"劲疾"，形容霍去病的军事风格如疾风一般。当然这位年轻将军的军事首秀也没有丢脸，他率领着轻勇骑士八百人直扑敌穴，离开大军几百里路，去找寻攻击的对象。后来，他不但没有因为孤军深入而丧师，还因为迳趋敌人之旁，使对手措手不及，斩捕了过当和比较重要的首虏。这样，便喜坏了汉武帝，特别发战报褒奖他的战功，并且封他为冠军侯。

最后御前述功，大将军卫青虽领军杀敌有功，但先有苏建全军覆没，后有赵信降敌，功过相抵，不再加封邑，只是赏黄金千斤，其余将士也根据杀敌俘获数目各自领赏。霍去病的战场处子秀十分耀眼，这几乎是此战皇帝唯一满意的地方。汉武帝发战报嘉奖：票姚校尉霍去病，斩首虏两千余级，得敌首数人，勇冠三军，封冠军侯；上谷太守郝贤，四次跟随大将军出征，斩捕首虏二千余人，以千一百户封为众利侯。张骞因为跟随大将军在军队中充当向导，能够找到水源和粮草的所在地，使得全军解决了补给问题，封为博望侯。

七击匈奴

元狩二年霍去病封为骠骑将军，独自带领万骑出陇西，大败河西的休屠王、浑邪王，战功赫赫。而卫青也得以有短暂的两年休息时间，经过两年多的休养生息，到元狩四年，卫青与霍去病迎来了自己征战生涯的巅峰之战，此次战役是二人联合出击的。此次战役是汉匈之决战，战场在漠北，目的也是寻找匈奴的主力，最大限度地消灭他们的有生力量。

《史记·卫将军骠骑将军列传》载：元狩四年春，上令大将军青、骠骑将军去病将各五万骑，步兵转者踵军数十万，而敢力战深入之士皆属骠骑。骠骑始出定襄，当单于。捕虏言单于东，乃更令骠骑出代郡，令大将军出定襄。郎中令为前将军，太仆为左将军，主爵赵食其为右将军，平阳侯襄为后将军，皆属大将军。兵即度幕，人马凡五万骑，与骠骑等咸击匈奴单于。

汉朝在相继拿下匈奴的河南、河西之地之后，要想将匈奴彻底打垮，必须和伊稚邪正面相对，打到伊稚邪的老巢漠北，而漠北之地距离汉庭异常遥远，历史上中原军队还没有踏足漠北的记录。而匈奴将主力北移，是汉降将赵信的主意，赵信在投降匈奴之后，匈奴单于封他为"自次王"，将自己的姐姐嫁与他为妻，把他当成对付汉军的一名高级军事顾问。赵信因为完全知晓大汉进攻匈奴的军事计划，便建议单于把匈奴的主力北移，引诱汉兵深入漠北，利用路途之遥远，沙漠地势之险恶，增加汉兵行军作战的困难，匈奴便可以通过天险来以逸待劳，取得最终的胜利。

匈奴王庭迁往漠北之后，汉兵的任务进一步由"进击"演变成"追击"，就是要用深入穷追的方式去歼灭藏身于漠北高寒之地的匈奴主力。由于这种军事新形势和新任务的产生，讨伐匈奴的汉兵，在军队的素质方面，需要较普通部队更强的部队。

从长安出兵，直抵漠北，可谓千里奔袭，打破了汉军不能"度幕轻留"的禁忌，给匈奴以致命的一击。此战共动员十万骑兵，由卫霍各率领五万。同时还有转运辎重的步兵十万。可以说是举全国之力去攻伐匈奴，因此本次汉匈决战之成败异常重要。

大将军卫青与匈奴主力此役异常精彩，可谓是军事史上闪电战的典型成功案例。

《史记·卫将军骠骑将军列传》载：而适值大将军军出塞千余里，见单于兵陈而待，于是大将军令武刚车自环为营，而纵五千骑往当匈奴。匈奴亦纵可万骑。会日且入，大风起，沙砾击面，两军不相见，汉益纵左右翼绕单于。单于视汉兵多，而士马尚强，战而匈奴不利，薄暮，单于遂乘六骡，壮骑可数百，直冒汉围西北驰去。时已昏，汉、匈奴相纷挐，杀伤大当。汉军左校捕虏言单于未昏而去，汉军因发轻骑夜追之，大将军军因随其后。匈奴兵亦散走。迟明，行二百余里，不得单于，颇捕斩首虏万余级，遂至窴颜山赵信城，得匈奴积粟食军。军留一日而还，悉烧其城余粟以归。

汉武帝把一些"敢力战深入之士"统统交霍去病指挥，因为当时汉武帝是准备叫霍去病去与单于一战的，但是没有想到卫青从定襄出塞之后，偏偏和单于的部队遭遇在一起。匈奴单于早已知晓汉兵的行动，赵信认为汉兵即便能渡过沙漠而到达外蒙古，也一定是已经人困马乏，毫无作战力量，匈奴正可以逸待劳，极容易地打败汉兵。单于采纳了他的建议，并把辎重转运到更远的北方，挑选精兵在漠北列阵以待。卫青最初并不知道单于究竟在哪里，出塞之后，从捕获的匈奴人的口中发现了单于的驻地，便把原来是前将军的李广改并于右将军赵食其，叫他们均出东道。他自己率领着一股精兵，以猎者的心情和态势直扑单于的驻地，这时候，追随在他身边去完成捕捉单于任务的是与他有生死之交的公孙敖。他们出塞千里有余，渡过大漠，便看到单于的部队正严阵以待。赵信及绝大多数匈奴人都以为汉军千里行军就已经累得筋疲力尽，绝对不能马上向匈奴发起进攻，谁知汉军的魅力就是表现在能够在长途行军中还能保持着持久的战斗力，不但没有人困马乏的衰弱军容，而是人马欢腾、战志旺盛，没有休息就开始向匈奴攻击，这是匈奴单于和下属等所绝对意想不到的。

卫青发现敌军之后便马上命令所率领的武钢车自环为营，准备趁匈奴不备，来一次猛攻，派出五千骑兵去主动攻击敌人。匈奴便以万骑应战，这时天色已近黄昏，大风忽起，风沙击面，两军对峙也看不清楚对面的人。汉兵便用迂回包围的战术，从左右两翼绕到单于的附近，把单于引入包围圈。单于看到汉兵数量极多,士气也极强,匈奴兵并不能以逸待劳取得胜利,反而有失败的迹象,便趁着夜色即将降临,视线模糊不清,骑着六头骡子,率领着精壮的骑兵数百人突围,向西北方向逃去。大队汉兵和匈奴兵在暗夜中乱杀一阵,双方损失极为惨重,后有汉军左校捉到一名匈奴俘虏,才知道单于在天黑以前已经逃走了,汉兵便发动轻骑兵追捕单于,因为轻骑兵没有辎重的困扰,速度最快,卫青也紧随在后面,如果能够活捉匈奴单于必将是大功一件。剩下的匈奴兵四下溃散,不能再战。汉兵追赶到天明,行二百余里,汉兵遂至现在内蒙古之窴颜山和赵信城,并未捉获单于,仅斩首虏万余级。

在本次战役中起到突出作用的当属武刚车,在这里我们重点来介绍一下武刚车的历史沿革及行军作战方式。车战,是中国古老的战斗形式,也是先秦时期两军作战的主要形式。车战的作战单元是"乘",一辆车就是一乘。每乘战车上有三名甲士,配属七十二名步兵。驷马既出,奔如闪电,甲士们在车上用长矛相互搏击,步兵则使用各种兵器近距离绞杀。屈原在《国殇》里有过精彩的描述:"操吴戈兮被犀甲,车错毂兮短兵接。"那个年代的超级强国就是"万乘之国",如秦国、楚国,而千乘之国仅仅是中等国家,比如战国七雄中第一个被秦国灭掉的韩国就是这一档次的。

到了秦汉时期,战场形势变了,作战对象也变了,兵器材料也变了,促使车战让位于高速奔驰、机动灵活的骑兵战,使后者成了主要作战形式:平定南方叛乱,多是在水网或多山多丘陵地区,不适合于车战;讨伐匈奴的战场往往是戈壁沙漠,敌人则是来去飘忽的匈奴骑兵,战车的反应速度和反击能力明显不符合战场要求。新型的钢铁箭镞更轻巧更锋利,可以快速密集地射杀驾车的马匹。所以,马匹替代了战车,成了最重要的作战工具。在卫青七击匈奴的战役中,成功地复活了车战战术,并且创新了车战的战法,收到了以奇制胜的作战效果。

首先,卫青成功地把步兵的圆阵阵法用于车兵的排兵布阵上。《孙膑兵法》里说"车者，所以当垒也"，就是指出战车具有防御堡垒的作用。而"自环为营"，就是将战车三百六十度环形布置，构成一个封闭的圆环。圆环外阵型没有明显的棱角，可以分散敌军进攻兵力，减缓敌军进攻强度，给匈奴人一个神龙见首不见尾的感觉，无处下手，又处处扎手。同时，在圆阵内，汉军可以集中防御力量，随机应变，进行防守反击。正如《孙子兵法》所说："形圆而不可败也。"

其二，武刚车是攻防兼备的有力兵器，可以让汉军以较小的损失赢得尽可能多的战果。孙吴《兵法》说："有巾有盖，谓之武刚车"。这种车是对普通马拉战车的改进，功能也有所增强。它长二丈，阔一点四丈，战车竖起高大的木盾以阻挡敌人的攻击，外面则绑上长矛以抵御骑兵的冲击。战车上的粮食，卸下来构筑营垒；战马也卸下来休息，战车也成了纯粹的阵地。战车上的汉军配合出击的骑兵，主要以弩来射杀敌军。弩是一种小组合作用手臂拉弓、用脚踩机关发射弩箭的兵器，具有发力大、射程远的特点，汉兵最远的发射距离约相当于四百米，可以迎头痛击凶猛的马队，给其以毁灭性打击。

单独从卫青与匈奴单于较量的战役来看，卫青是满载而归，虽然没有完成活捉单于的任务，但是导致了匈奴部众有十余天找不到仓皇逃窜的单于，匈奴内部大乱，右谷蠡王自立为单于，一时间派系林立，直到之后"单于后得其众，右王乃去单于之号"。为霍去病在西线的封狼居胥打下了良好的政治基础。不过，卫青的部将在此次战役中的表现有些差强人意。

《史记·卫将军骠骑将军列传》载：前将军广、右将军食其军别从东道，或失道，后击单于。大将军引还过幕南，乃得前将军、右将军。大将军欲使使归报，令长吏簿责前将军广，广自杀。右将军至，下吏，赎为庶人。

从史料中得出，前将军李广和右将军赵食其都犯了迷失道路的错误，导致在与单于的作战中，后继补给部队跟不上，这也是让单于逃跑的重要原因。更为悲惨的是，一代名将李广因为害怕长吏簿的责罚竟在军中自刎，赵食其将军也被贬为庶人。大将军虽然有斩捕首虏一万九千级的功劳，但是功过相抵，不得益封，他部下的军官乃至小吏、士卒也都没有封侯的。不过等到霍去病凯旋之后，汉武帝给卫青和霍去病都加了大司马的虚职，从此骠骑将军的官阶和俸禄也和卫青平起平坐，而此时的霍去病方才是一名二十出头的少年。那么这位少年究竟有哪些惊世骇俗的故事呢？

骠骑将军 霍氏之光

比再冠军
河西之战
封狼居胥
英年早逝

比再冠军

霍去病虽然与卫青同为私生子，但是霍去病出生之后，他的姨母卫子夫很快便进宫得宠，卫氏家族社会地位得到大大的提高，同时因他姨母对其喜爱异常，他自小便在宫中长大，由此便有了贵族的傲气与资源。同时他也不乏父爱，她的母亲再婚与陈掌结为夫妇，弥补了他单亲家庭的缺憾。所以霍去病是在一个健全、富裕又富有权势的环境中成长起来的，他是一个典型的让人羡慕的富二代和官二代，只要他不懒惰，稍加勤奋，便会有美好的前途。孰料他还是一个异常勤奋并富有天资的官二代，这样的少年必将是前途无量的，一个没有生活包袱只有理想抱负的青年必将会干出一番惊天动地的大事。

霍去病的少年时期，正值汉武帝重用卫青攻伐匈奴的时期，武帝的重视及舅舅的榜样在先，让他很快树立了战胜匈奴的理想。在他十八岁之前，虽然没有亲临战场，但一直在为此准备着。而他在战场之下的努力，那个素有识人之明的汉武帝都看在眼里。机会总是给有准备的人，在元朔六年的时候，汉武帝特别诏令大将军卫青挑选了一部分最为精锐的骑兵（壮士），拨归霍去病指挥，并且封他为"嫖姚校尉"。汉武帝用这两个字作为霍去病的官号，正是象征他平日的骑射作风的。

这位年轻将军在他戎马生涯上的首次表演非常出色，他的闪电战的作风正是决胜匈奴的法宝，首战便斩捕了二千多的首虏。对于初出茅庐的青年战将，面对强大的敌人，没有畏惧，反而能大获全胜，这是天生的将才。为此汉武帝激动异常，特发战报来褒奖他的战功：

> 嫖姚校尉去病斩首捕虏二千二十八级，及相国、当户，（两官名）斩单于大父行籍若侯产，生捕季父罗姑比，再冠军，以千六百户封去病为冠军侯。

战报的内容是说他斩首了敌人的有生力量二千零二十八人，并且捕获了对方的两位大员，一位为单于的祖父名为产的籍若侯，另一位为单于的季父名叫罗姑比，这两位大员被一位籍籍无名的年轻将领捕获，自然心中不快，但是却给霍去病带来了巨大的殊荣，那就是一战封侯，而且封的是冠军侯，是列于诸军之首的意思。《史记·黥布列传》载："项梁涉维而西，击景驹，秦嘉等，布常冠军。"到汉代以后，战功卓著的武将，也都采用了冠军为官衔。从晋迄南北朝各代，都没有"冠军将军"。同时汉武帝还赐予霍去病二千五百户的封邑，如此看来汉武帝对霍去病的赏识不是别人能比拟的。当然他封侯也是因战功显赫而获得的，是按照西汉的军事制度而制定的,并非只依照武帝个人的喜好而得来的。只是他的一战封侯,对于终身不得封侯的李广等旧式军人来说未尝不是一个极大的刺激。

河西之战

霍去病的一生只有短短的二十四年,但却取得了别的军人几世都没有的战功,因为他年轻、勇武、信念坚定、没有负担,而卫青已人到中年,有了家室和朝廷琐事的困扰,在霍去病首战大捷之后,攻击匈奴的重任便渐渐交付到霍去病的手上。他举凡一生共六次出击匈奴,都取得了异常卓著的战功。

霍去病第一二次出击都是在元朔六年以嫖姚校尉的名义,随大将军卫青出征的。而第三次出征,是在元狩二年的春天,霍去病被封为骠骑将军,率领万骑出陇西,这次战役是他第一次独当一面,作为主帅出击,所以这次战争的成败是对他军事实力的一个巨大检验。他本次出击的目标是拿下"河西","河西"指的是原来甘肃西部的旧甘州(张掖)、肃州(酒泉)、凉州(武威)等地,因为位于黄河以西,自古称为"河西"。此地为蒙古高原与青藏高原之交,祁连、合黎两山南北并峙,中间平地低落,成一天然走廊,为中国与西域交通之要道,其地北临宁夏,南依青海,东通关中,西北与新疆、蒙古接壤,军事形势甚为重要。此处归属匈奴休屠、浑邪两王统辖,如果汉朝能把这个地区从匈奴人的手中夺取过来,便可以在西北方面打通中国和西域的通道,进一步砍断匈奴的右臂。在东北方面可威胁单于的王庭,东南方面可解除长安的威胁,所以河西是汉与匈奴的战略要地。汉武帝把夺取河西的重任给了霍去病,说明了对霍去病的极端器重。

霍去病在朝内老臣们的怀疑和妒忌下仅仅率领一万精兵,在没有裨将的情况下，开始了他的统帅生涯首秀，他精准地运用骑兵战术和闪电战术相结合，超额完成了武帝交给他的战略任务，让他的对手河西之主休屠王和浑邪王损失惨重，为他们最后投降汉朝打下了基础。他的战绩如下：

> 《史记·卫将军骠骑将军列传》载：骠骑将军率戎士逾乌盭，讨遬濮，涉狐奴，历五王国，辎重人众慑慴者弗取，冀获单于子。转战六日，过焉支山千有余里，合短兵，杀折兰王，斩卢胡王。诛全甲，执浑邪王子子及相国、都尉，首虏八千余级。收休屠王祭天金人，益封去病二千户。

在这次出击的战役中，他率领一万骑兵，斩捕首虏八千九百六十级，几乎与所率兵力数目相等，立下了奇功一件，汉武帝下诏以两千户益封去病。同时斩杀了河西两名重要的藩王折兰王和卢胡王，逮捕了浑邪王的儿子及他的相国、都尉，缴获辎重较多，最为突出的是没收了象征河西之主权利的休屠王的祭天金人。师率减什七，折损率很低。

在同年夏天，霍去病又以迅雷之势对河西进行了第四次出击，这次的出击是有裨将的，可以看出是他权力的进一步提升。他与合骑侯公孙敖出北地（北地，其地大致在今陕西、甘肃、宁夏一带），博望侯张骞与郎中令李广出右北平。出右北平的这支军队是以左贤王为攻击目标的，是策应霍去病对河西的攻势的。结果因为张骞的失期，李广孤身率领四千余人与匈奴左贤王战，损失惨重。祸不单行，出北地的公孙敖因为失道，未尝与霍去病会合。值此三军不利的情况下，霍去病没有退缩，他孤军深入，一直进伐到祁连山。他这次出击的任务是继续打击匈奴人在河西的势力，他的行军路线是从甘肃东北部起，穿过宁夏而再进入甘肃的"走廊"区域。此次给予匈奴的打击，较上次更为严重，有战报为证：

《史记·卫将军骠骑将军列传》载：骠骑将军逾居延，遂过小月氏，攻祁连山，得酋涂王，以众降者二千五百人，斩首虏三万二百级，获五王、五王母、单于阏氏、王子五十九人，相国、将军、当户、都尉六十三人，师大率减什三，益封去病五千户。

霍去病此次出征深入敌境，到达了祁连山的脚下。祁连山脉位于中国青海省东北部与甘肃省西部边境，河西走廊的南侧，祁连山是古代匈奴语，意为"天之山"，是匈奴人的大本营。此次霍去病千里奔袭，越过居延海（今内蒙古额济纳旗北），穿过小月氏部落，抵达祁连山。匈奴被霍去病神妙莫测的战术及不同寻常的进攻路线搞得晕头转向。霍去病最终俘获首虏三万零二百人，获单于王子等王公贵族五十九人，获相国等重要干部人员六十三人，同时部队折损率为三成，战果惊人。河西的匈奴经过霍去病这两次扫荡之后，已经显得形势危殆，无力招架。在经济方面，因焉支祁连两山水草肥美，易于畜牧，经此一役，已不复之前的繁荣，所以歌曰："失我焉支山，使我妇女无颜色。亡我祁连山，使我六畜不蕃息。"焉支山是祁连山的一条支脉，又叫胭脂山，是"甘凉咽喉"。霍去病过焉支山，击败匈奴，夺得河西地区，打通了中原与西域之间的通道。公元609年，隋炀帝驾幸焉支山，举办万国博览会，焉支山也成为世界博览会最早的发源地而闻名天下。

此次战役对于匈奴的打击不可谓不大，匈奴的伊稚斜单于对于如此大败无法承受，尤其是败于霍去病这个年方弱冠的将军，所以他恼羞成怒，怪罪于河西休屠、浑邪二王，并拟召诛他们。于是便造成了休屠、浑邪二王率十万骑投降大汉的历史事件，而负责受降谈判的事宜又落到了霍去病的头上。

在同年的秋天又迎来了霍去病的第五次出击，历史上把此次受降也当作霍去病征战生涯的一次出击。因为受降是要深入敌营，在匈奴的地盘进行受降的谈判,而历史上诈降的事件特别多,万一和平谈判不成功便是兵戎相见的战争,所以这场谈判是智慧、勇气及武力的三重角逐。

这次受降的任务,确实是一波三折,当霍去病到达河西之前,犹豫不决的休屠王就对投降的事情表示后悔,一意降汉的浑邪王杀了他,并收编了他的部队。等到霍去病率领一万多人渡河之后,许多投降信念不强的人纷纷开始逃走,浑邪王的阵容,便出现了一哄而散之势。霍去病看到这种情形,当机立断,拍马冲入浑邪王的阵营,果断把八千多想逃亡的士兵就地斩掉,先遣浑邪王乘专车只身去见汉武帝,自己率领着投降的匈奴人,约四万余,号称十万,缓缓地渡河。霍去病此次受降成功是凭借他个人的勇武机智和汉武帝时代强劲的民族精神来取胜的。匈奴人经过此次打击之后,完全退出了"河西走廊"地区,造成一种"金城河西至盐泽空无匈奴"的局面。汉武帝封浑邪王食邑万户,为深阴侯。在陇西、北地、朔方、云中、代郡五属国纳其部众。汉庚从此便完全占有了河西之地。

封狼居胥

元狩四年的一天早朝,汉武帝于未央宫传下圣旨,动员铁骑十万、步兵二十万、民夫十四万,以大将军长平侯卫青为主将,率左将军公孙贺、右将军赵食其、后将军曹襄及李广、公孙敖等大将,发骑兵、步兵共计十五万,兵出定襄直扑伊稚斜龙庭。以骠骑将军霍去病为主帅,右北平太守路博德为副帅,朔方太守李休为参军,李敢、徐自为及霍去病亲军周锐、周德、李复、赵破奴等三十七员大将,率五万铁骑、十万步卒及十余万民夫兵出代郡,直奔太子左贤王之狼居胥山。

霍去病拜别汉武帝,率二十余万大军出塞。他无暇顾及朝中文臣和武将对他的怀疑和猜测,对付他们最好的办法就是取胜回朝,才能堵住众人的悠悠之口。

此次霍去病的出兵地为代郡，目的地在狼居胥山。匈奴主力集结漠北，霍去病所部的阻力大增。霍去病以可以减轻卫青所部的阻力为由安抚了部下的情绪。经过几个月的长途跋涉，汉军到达匈奴属地，战役正式展开。

《史记·卫将军骠骑将军列传》载：骠骑将军去病率师躬将所获荤允之士，约轻赍，绝大幕，涉获单于章渠。以诛北车耆，转系左大将双，获旗鼓，历度难侯，济弓卢，获屯头王、韩王等三人，将军、相国、当户、都尉八十三人，封狼居胥山，禅于姑衍，登临翰海。

此次出征霍去病从代郡出发，向北两千余里，到了目的地漠北狼居胥山，关于狼居胥山的地理位置至今史学界还没有定论，一说是今蒙古国乌兰巴托东侧的肯特山，一说是今河套西北狼山。但是据史料推测狼居胥山应该是当时大汉以为的匈奴王庭所在地，因为汉武帝此次让霍去病出击的目标就是捣毁匈奴的老巢，结果不巧的是，匈奴单于伊稚邪并没有待在狼居胥山，而是和西战场的卫青相遇了。霍去病虽然没有与匈奴单于正面遇到，但是进攻匈奴的老巢，压力也不小。

从上面的史料我们可以看出，霍去病在前往漠北进击匈奴的道路上可谓困难重重，首先在出击的道路上遇到了几处天险：漠北离候山、弓庐河、姑衍山、狼居胥山等。离候山和姑衍山、狼居胥山在军事上都属于易守难攻的山脉，弓闾河是今天的蒙古人民共和国的克鲁伦河，是通往狼居胥山的重要关隘，也是险山恶水之地。不过这些天险都被年轻有为、血气方刚的霍去病一一破解了，最终到达狼居胥山封禅。

除了道路的艰险，敌人的强大也是霍去病面临的重大难题，此次向匈奴的老巢进攻，碰到了一些强劲而勇武的劲敌。著名的有单于的重臣章渠、大将军比车耆、左大将军乌双，另有屯头王、韩王、将军、相国、当户、都尉等匈奴重臣八十三人，而这些骁勇善战的将领们都在霍去病的骑兵面前败下阵来，成为了大汉的俘虏。

最终霍去病以平北大军副帅——参军李休阵亡，壮士死伤逾万的代价，攻占了狼居胥山。与匈奴左贤王部接战，歼敌七万零四百人，乘胜追杀至狼居胥山（今蒙古国境内），在狼居胥山举行了祭天封礼，在姑衍山举行了祭地禅礼，兵锋一直逼至瀚海（今贝加尔湖）。而封狼居胥、禅于姑衍、登临瀚海并称是霍去病漠北之战胜利后的三大盛事，广为历史称颂。

骠骑将军冠军侯霍去病写下奏折，命快马去长安禀报漠北大捷。此时的他意气风发，一个年仅二十二岁的青年将领创下了如此奇功，匈奴不可灭的神话被打破，他的战绩可与西方的亚历山大媲美，虽然他并不知道这些。

很快汉武帝的嘉奖便到了，这个嘉奖也空前的隆重盛大。

《史记·卫将军骠骑将军列传》载：以五千八百户益封骠骑将军。右北平太守路博德属骠骑将军，会与城，不失期，从至梼余山，斩首捕虏二千七百级，以千六百户封博德为符离侯。北地都尉邢山从骠骑将军获王，以千二百户封山为义阳侯。故归义因淳王复陆支、楼专王伊即靬皆从骠骑将军有功，以千三百户封复陆支为壮侯，以千八百户封伊即靬为众利侯。从骠侯破奴、昌武侯安稽从骠骑有功，益封各三百户。校尉敢得旗鼓，为关内侯，食邑二百户。校尉自为爵大庶长。军吏卒为官，赏赐甚多。而大将军不得益封，军吏卒皆无封侯者。两军之出塞，塞阅，官及私马凡十四万匹。而复入塞者不满三万匹。乃益置大司马位，大将军、骠骑将军皆为大司马。定令，令骠骑将军秩禄与大将军等。自是之后，大将军青日退，而骠骑日益贵。举大将军故人门下多去，事票骑，辄得官爵，唯任安不肯。

汉武帝的赏赐不可谓不高，在经济上，霍去病的封邑增加了五千八百户，联合以前所封，共一万七千七百户，已经超越了卫青的封邑，是万户侯中的佼佼者。在政治上，与舅舅卫青一起加封了大司马的称号，俸禄和卫青一样，可谓是一跃为一人之下、万人之上的地位。而从那以后霍去病因为年龄优势，再加上武帝的偏爱，大将军卫青的门下也大都投靠了霍去病。不仅如此，与西战场卫青所部封侯较少相比，跟随霍去病出征的将领均有封赏，右北平太守路博德、北地都尉邢山、因淳王复陆支、楼专王伊即轩、校尉李敢都因为跟随霍去病征战有功，一战封侯，除了李敢封为食邑两百户的关内侯，其他将军皆为千户侯。从骠侯破奴、昌武侯安稽也各自增加了三百户的封邑。校尉和下面的军官士族也都升了官，还有金钱的赏赐，这样盛大的庆功模式，在历史上也是绝无仅有的。

这样盛大的奖励，让读者想到了卫青河南之战后分封三子的殊荣，此时的霍去病早已代替卫青成为了汉武帝面前叱咤疆场的红人。年轻、勇武、果敢一直都是汉武帝最为推崇的军人作风，只有血气方刚的青年才能所向披靡、无所不及，汉武帝出行前的部署是让霍去病去迎战单于的主力，所以把"敢力战深入之士"交由霍去病来率领。同时给了霍去病一个特权，那就是不设副将，这样霍去病的兵力能够全部为他所用，没有旧式部队的牵绊，就能够令行必出，部队的战斗力自然强盛。而卫青作为最高统帅，要平衡政治势力，所以旧式的战将都在他的麾下，诸如郎中令李广、太仆公孙贺、主爵赵食其、平阳侯曹襄等都在他的统领之下，如何调兵遣将，让每一位将领都心服口服，最终瓜分胜利的战争果实，这是卫青比霍去病要为难的方面所在，也是他和李广积怨的原因所在。而霍去病方面无裨将，只是以李敢作大校，以代替裨将，所以霍去病军队的攻击力较卫青自然要强上许多。霍去病出塞两千余里，一共进行了六次血战，捕获匈奴七万余级，取得了封狼居胥的神话。

"封狼居胥"的战果是汉武帝极为看重也最引以为傲的，为什么这么说呢？读史记的汉武帝本纪，读者会发现武帝和秦始皇一般特别热衷于封禅事宜。那么何谓封狼居胥，那就是霍去病在攻下狼居胥山后，受汉武帝的诏令，登狼居胥山筑坛祭天以告成功之事。汉武帝曾六次来泰山举行封禅仪式。受汉武帝的诏令，霍去病登狼居胥山筑坛祭天以告成功之事，他命人堆土增山，然后他登临山顶，南面中原设坛祭拜天地，并在山上立碑纪念，以示此地纳为汉家疆土。"封狼居胥"成语即来源于此，以此作为对将军们最大战功的旌表，后来封狼居胥也成为华夏民族武将的最高荣誉之一。从后世的诗歌中可以看出其重要地位，诸如"何问狼居胥，执戟夜急行""狼胥山前秋风紧，黄沙漠漠起塞声"等等都是对武将卓越战功的一种褒奖。

英年早逝

封禅事后，史书记载霍去病迁乌桓为汉监视，汉匈开启和谈。汉方不起兵衅，而匈奴也不再大举扰边。二者之间迎来了十余年的和平时期。至此，汉匈战争史上规模最大的漠北战役结束，匈奴对大汉的威胁不复存在。大汉骠骑将军冠军侯霍去病在河西、漠北创下的卓越功勋，早已彪炳史册。

当然汉匈进入相持阶段，有一个非常令人痛惜的原因是霍去病的英年早逝，从十七岁开始就常年征战的霍去病在封狼居胥之后，迎来了两年的休息时间。然而不幸的是，他于元狩六年就离世了。

《史记·卫将军骠骑将军列传》载：骠骑将军自四年军后三年，元狩六年而卒。天子悼之，发属国玄甲军，陈自长安至茂陵，为冢象祁连山。谥之，并武与广地曰景桓侯。子嬗代侯，嬗少，字子侯，上爱之，幸其壮而将之。居六岁，元封元年，嬗卒，谥哀侯。无子，绝，国除。

意思是说霍去病死于汉武帝元狩六年，年仅二十四岁。他有一名儿子名嬗，字子侯，汉武帝很爱护他，册封为奉车都尉，从武帝封泰山而死，谥号"哀"，嬗无子，冠军侯的爵位因无人继承被收回。

霍去病的英年早逝，引起了汉武帝极深的哀悼，特别发动了他在元狩二年秋天所招降的匈奴人（即属国）穿起黑甲，排起队来，一直从长安排到茂陵，作为送葬的仪仗。汉武帝就在自己墓地（茂陵）旁边替霍去病修了一座类似祁连山形的坟墓，来纪念他的战功。霍去病的谥号，是"景桓"，也是用来纪念他的英武和替国家拓土开疆的意思。这位青年将军的坟墓，现在还矗立在陕西兴平市境的茂陵旁边，墓前有一巨大石碑，上刻："汉骠骑将军大司马冠军侯霍公去病墓"，墓前有石刻九尊，称为"茂陵石刻"，极富美术价值，现在尚保存于墓前的两砖室中，中有一刻石，为"马踏匈奴"，雕刻一马立于匈奴人身上，匈奴人刺发乱髯，状极狞狰，手执弓箭，但被马足踏住，欲动不得，在下作挣扎状。此石刻之意义及艺术，均不平凡，洵为杰作。又有"卧马"，马体巨大，较生马犹壮，马身伏息于地，前足微屈，意态极其悠闲自然，而又不掩其朴实雄壮之姿，足可代表"汉代精神"。

霍去病的生命史，只到青年时代。他的成就，就是青年人所共有的勇敢、热诚和聪颖的产物，所以他的一切作风，都具有极浓厚的青年色彩。首先，在战场上，他一向是惯于勇往直前，冲锋陷阵的。他最初伐匈奴的官号是嫖姚校尉，他在六次出击匈奴的战争中，都是以"嫖姚"的姿态出现在战场上。他的部下，也尽是一些经过特别选拔的"嫖姚"分子，就是史书上所说的"壮士"或"敢深入力战之士"。他这种劲疾勇猛的作风，正是一种青年作风。

他的这种战斗的青年作风，引起汉武帝的特别赏识和时人的景仰，更引起后世青年的向往和无数骚人墨客的讴歌！在汉以后的中国文学史上，"霍嫖姚"三个字，是"英武"和对外战争获得胜利的"民族英雄"的代名词。他们喜欢用霍嫖姚的故事和作风，对某一个英武或胜利将军进行赞扬讴歌。这种诗歌，在唐代为最多：

出身仕汉羽林郎，初随骠骑战渔阳。
（王维：《少年行》）
银鞍玉勒绣蝥弧，每逐嫖姚破骨都。
（高适：《送浑将军出塞》）
功成画麟阁，独有霍嫖姚。
（李白：《塞下》）
借问大将谁，恐是霍嫖姚。
（杜甫：《后出塞》）
将军只数汉嫖姚。
（杜甫：《赠田九判官梁丘》）
居然双捕虏，自是一嫖姚。
（杜甫：《寄董卿嘉荣十韵》）
汉朝频选将，应拜霍嫖姚。
（杜甫：《陪柏中丞观宴将士》二首）

从这些诗句中间，已经可以看出霍嫖姚是唐代诗人们所最景仰崇拜的一位勇敢善战而且屡建奇功的民族英雄！后世诗人直接用霍嫖姚的故事作为诗歌的主题，而予以讴歌赞扬，以南朝诗人孔稚理作的《白马篇》和虞羲所作的《咏霍将军北伐》两诗为最好。其诗曰：

骥子局且鸣,铁阵与云平。汉家骠姚将,驰突匈奴庭。少年鬪猛气,怒发为君征。雄戟摩白日,长刚断流星。早出飞狐塞,晚泊楼烦城。虏骑四山合,胡尘千里惊。嘶笳振地响,吹角沸天声。左碎呼韩阵,右破休屠兵。横行绝漠表,饮马瀚海清。陇树枯无色,沙草不常青。勒石燕然道,凯归长安亭。县官知我健,四海谁不倾。但使强胡灭,何须甲第成。当今丈夫志,独为上古英。(《白马篇》)

拥旄为汉将,汗马出长城。长城地势险,万里与云平。凉秋八九月,虏骑入幽并。飞狐白日晚,瀚海愁云生。羽书时断绝,刁斗昼夜惊。乘墉挥宝剑,蔽日引高旍。云屯七萃士,鱼丽六郡兵。胡笳关下思,羌笛陇头鸣。骨都先自讋,日逐次亡精。玉门罢斥候,甲第始修营。位登万庚积,功立百行成。天长地自久,人道有亏盈。未穷激楚乐,已见高台倾。当令麟阁上,千载有雄名!(《咏霍将军北伐》)

如此一位战功卓著,让后世景仰的青年英雄怎么就英年早逝了?是天妒英才还是死于非命,一直是史学界最为关心的话题。司马迁在《史记》中,对这位名将的葬礼记载得非常清楚,但对他的死因,却没有任何记载,仅仅是"骠骑将军自四年军后三年,元狩六年而卒。"这样一个风华正茂的将军去世,却没有提及死因,所以霍去病的死便成为历史之谜。对他身死的原因历史上大致可归纳为以下几种猜测:

1.病逝

此说最早出自西汉时的褚少孙,他在建元以来侯者年表中有一段补记,借霍光之口说霍去病是病死,然而具体是什么病,没有记载。这段话出自霍光上奏给皇帝的奏折,有案可查,褚少孙也没必要说谎,所以基本上是可信的。这也就是说，官方说法是病死。

此说有一定的道理，霍去病从十七岁就开始追随卫青征战，每天都过着早出飞狐塞，晚泊楼烦城的生活。连年累月征伐匈奴，积劳成疾，也是可以说得过去的。许多电视剧里都说他是在征伐匈奴的途中，误喝了被匈奴下毒的河水导致中毒，最终不治身亡，然而这只是大家对于历史的猜测，史书上并无此记载。

2.被权力斗争迫害致死

史书上对于霍去病封狼居胥之后的记载便是在他去世的这一年，他入朝干了一件事：请封三王。具体是这样的，元狩六年三月，霍去病一再请求立三皇子为王。四月，立三王，然后武帝宠妃王夫人病死。九月，霍去病就去世了。

那么这件事能说明什么问题呢？史书上对于霍去病参与朝政的记载很少，故而此处的记载特别引人注目。霍去病请封三王，其受益人便是以卫青为代表的卫氏集团。自从霍去病权比大将军以来，他们二人的关系也变成了历史之谜，甥舅反目似乎成为了历史的必然，抑或是武帝的政治意图所在，武帝有意扬霍抑卫，大有让霍去病成为阻挡卫青一族独大的一枚棋子。而事实也确实如此，原来卫青的门客纷纷投到霍去病的门下，武帝的算盘应该是打赢了。但是霍去病此时为卫氏一族求情，最痛惜的应该是武帝了，所以他由此记恨于霍去病，最终找理由赐死霍去病也是可能的，因为在武帝一朝被赐死甚至吓死的大臣太多了。

诸上种种皆是猜测，但这些猜测至少可以证明一点，那就是霍去病在最后两年入朝为官的日子并不好过。虽然并不一定招致狡兔死走狗烹的结局，但是比起他征战的戎马生涯却是差多了。而这似乎并不是他一个人的悲哀，反观中国历史，在取得辉煌的战绩之后，武将的命运便纷纷开始走下坡路。这是英雄的末路，英雄的悲哀。

卫青、霍去病战事考

军事制度
骑兵建设
骑兵战术

军事制度

汉武帝是中国历史上杰出的天才军事家,虽然连年的征伐让民众有些吃不消,但是在他的指挥下,汉朝在匈奴面前彻底扬眉吐气起来,再也不用实行丧权辱国的和亲政策了。他的军事政策是进步而合理的,对于讨伐匈奴的军事胜利和卫、霍两人的成功有决定性意义。武帝一朝的军事政策比起汉高祖来说,有迥然的不同,以李广为例,曾有人说他若生在高帝时,当封万户侯。可见在武帝一朝用人制度发生了很大的变化。汉武帝的军事制度特点,归纳起来,有以下几个明显的特征。

其一,以斩首数目来统计军功。汉武帝时期对于参加讨伐匈奴战争的军事人员制定了严格的赏罚标准。按照每一个将领所率领的士兵数目而定出了斩获或损失的比例规定，斩获的数目，如果正好达到标准，这便叫作"中率"，要受赏；超过标准，便叫"过当"，要受重赏。损失的数目，如果超过规定，便叫"失亡过多"，要受处分；如果不及规定的数字，便算是有功。霍去病每次出击，不但斩获多，而且能够"师大率减什三"，就是只损失十分之三，是不及规定数字的，所以他的将士一并受赏。但是李广将军则在每次出击的时候，虽然斩获"过当"，同时也"亡失过多"，所以功罪相抵的时候居多，这也是他终身未封侯的原因之一。

其二，严明赏罚。汉武帝所给予将士们的"赏"，有金钱、封侯或益封、免罪等赏赐。他对于一般有特殊功勋的人的封赏，更不惜从优，霍去病初以校尉从卫青出击匈奴，数年之间，便获封一万七千七百户，位至大司马，与卫青的秩禄相等，可见汉武帝是毫不吝惜对于忠勇将士的封赏。

汉武帝对军事将领以及有军事责任官吏的失职或犯罪的处罚，也是极其严厉的。古代的官吏很多时候会因为过失而乌纱不保，而这个制度在汉武帝时代表现得尤为淋漓尽致，有可能今天还是高高在上的侯爵，明天就已经沦为阶下囚了。处罚的种类，有斩首、弃市、免官削爵等，一切的处罚，完全根据军法，随军的军法官有军正、长史、议郎等。根据《前汉书》的记载，汉武帝讨伐匈奴时，对失职或犯罪军官所犯罪名与处罚，大概有如下几种：

（一）畏懦失期：
博望侯张骞，坐以将军击匈奴，畏懦当斩，赎罪免（《功臣表》）
天汉三年，匈奴入雁门，太守坐畏懦弃市（《武纪》）
公补教以将军出北地，后骠骑失期，当斩，赎为应人（《功臣表》）

王恢主击匈奴辎重，单于远去，廷尉当恢逗桡当斩（《韩安国传》）

（二）失亡过多：

李广击匈奴，坐失亡过多，当斩（《本传》）

苏建为右将军，出定襄，亡翕侯失军，当斩（《本传》）

（三）虏获不实：

高不识坐击匈奴增首不以实，当斩（《功臣表》）

（四）失道：

卫青击匈奴，从李广与右将军赵食其，令军出东道，惑失道，后广自杀，右将军下吏当死，赎为庶人（《李广传》）

其三、唯才是用。汉武帝在讨伐匈奴的战争中，舍弃了一批旧部下，如韩安国、李广之流，专任卫青、霍去病等为统帅，有任用外戚之嫌，实际上，正是他实行唯才是用的具体表现。韩安国作为汉武帝时期最早的军事统帅，结果出师徒劳无功，后来渔阳备胡，又几番遭受匈奴的袭击而无还手之力。李广虽然为骑射高手，但是每每遇到匈奴兵不是失道就是被俘，他们或许更适合守边，并非远征匈奴的将才。

反观卫青、霍去病，十余次出击，均能完成任务，让匈奴人闻风丧胆，可谓是攻无不克、战无不胜。汉武帝对他们破格重用，屡次擢升，尤其霍去病为青年军人，小小年纪官衔便凌驾于诸将之上。当时著名的直臣汲黯就觐见武帝说：武帝的用人政策是"后来者居上"，让许多旧部都纷纷感到不满。在这种唯才是用的政策下，卫青、霍去病才获得充分的机会去施展他们的军事才能，建立了古今中外罕见的功业。在这样的用人政策之下，汉武帝除了选拔卫青、霍去病作统帅以外，更鼓励了一批军官去效力沙场，因为他们不论出身，只要战功足够显赫，便可以封侯拜相，从而达到全家富贵的目的。无论从汉武帝一朝对匈奴整个军事形势上，或从卫、霍两人的个人成就上看，汉武帝进步合理的用人政策对于卫、霍所统帅的一批军事官员和士兵都有很大的稳定军心的作用。正所谓不想当将军的士兵就不是好士兵，在汉武帝唯才是用的用人政策之下，每个人不论出身，只要奋勇杀敌，就有了当将军的可行性。这也是卫青、霍去病的军队攻无不克、战无不胜的原因所在。

其四，以胡治胡。汉武帝对军事官员的任命真正体现了不拘一格降人才，既有文景以来的宿将李广、公孙贺等，还有武帝所提拔的新将霍去病、张次公，更有投降汉朝的匈奴人赵信、复陆支等。尤其是对于归降胡骑的重用是汉武帝的一次大胆尝试，这批匈奴籍的军官与士兵一跃而成为汉军的主力，他们在沙漠作战时担负种种特殊任务，如引路寻找水源等，对于汉军的取胜发挥了很重要的作用。这些胡骑大部分分配到霍去病的麾下，这也是霍去病从未迷途、攻无不克、战无不胜的原因之一。但是供养胡骑也需要诸多的财力物力，乃至于后世的史学家常诟病汉武帝的胜利乃是一种假象，只是换一种方式在供养胡人，这从侧面也说明了胡骑在汉代军队中的影响是何其之大。

其五，外交为军事开道。战争的形式并不只有面对面的厮杀这一种，在春秋战国时期，纵横捭阖的外交便成为一种兵不血刃的战争形式存在着。而汉武帝则把这种战争手段用到了极致，在对匈奴出战之前，他已派遣张骞出使西域，游说与匈奴有世仇的大月氏作为盟友来分化瓦解匈奴的势力。虽然大月氏最后安于现状，不思进取，结盟的目的似乎没有达到，但张骞通过西域之行，熟悉掌握了通往西域之路，对卫青、霍去病收复河西，最终封狼居胥起到了至关重要的作用。

其六，募兵制及马政的盛行。军队行军打仗，有充足的兵源是很重要的一个制胜因素。在汉武帝之前，士兵的基本来源是郡县征兵的兵役制，征兵制可以实行的社会基础是国家有大批的自耕农。但到了汉武帝时期，由于土地兼并的剧烈发展，自耕农大量破产，他们或成为佃客，或成为流民,这一转变就破坏了征兵制的社会基础,但却为招募制创造了条件。随着社会诸多因素的变化,汉武帝在征兵制外,也开始推广募兵制。汉武帝多次募兵,招募的对象包括编户齐民、流民、刑徒和内降的少数民族。将流民招募为兵,一方面可以补充兵源,另一方面也可以减少社会上的不安定因素。而流民为了生计也愿意应募为兵。汉武帝中后期,由于连年的用兵,军队减员十分严重,再加上汉代由于赐爵太多导致享有免役特权的人越来越多,可征兵源相应越来越少。而内降的匈奴人很多,他们精于骑射,是天生的射手,汉武帝也就从这些内属的少数民族中招募士兵,既解决了兵源问题,又提高了军队的战斗力。

募兵制的出现,是中国古代军事制度史上的一个重要变化,它是社会变化的一个重要反映。募兵制出现后,农民的兵役负担得到了减轻,但所募之兵是由朝廷养的,增加了朝廷财政开支,反过来朝廷也会为此而加重农民的赋税。

骑兵战,战马是非常重要的一个环节。汉朝经过六七十年的发展,到汉武帝刘彻时期,经济上已非常强大了,人口达五千九百五十六万。汉武帝又办了马政,养了数十万匹战马。同时他还鼓励民间捐马来换取爵位,为了夺取优良的战马,还出兵大宛,通过种种方式最终解决了马匹短缺的问题。

在汉武帝一朝实行的征兵制和马政彻底解决了与匈奴作战中兵力不足和战马短缺的问题,为战争取得胜利奠定了坚实的基础。

骑兵的养成

卫青和霍去病七击匈奴能够取得巨大的胜利与他们独特的战略战术是分不开的。卫青、霍去病所创立的骑兵战术是值得后世的军事家深入研究的。首先我们来探讨一下当时的兵器。

从世界兵器进化史上去看，一切兵器的发明与改良，都是遵循着三个方向前进的，即加强攻击力、延长射程和加快速度。在中国历史上，弓矢的发明和使用，是兵器史上的一大革命。究竟是中国古代的哪一个部族先发明了弓矢，现在无法去细加考证，而古代汉族逐渐统一了黄河流域以至发展到长江流域，弓箭起了至关重要的作用。因此，在我国历史上才流传下来汉族的祖先黄帝发明弓矢的传说。弓箭的优点，是能射远，后来又和兵车配合起来，更增加了速度，便形成了古代的车战方式。古代的士人，本来是有当兵的义务的，所以才要练习"射"，更要练习"御"，"御"就是驾驶兵车。

兵车的用途，主要是在防御，而且几匹马共拉一辆兵车，也不能充分发挥马的速度，因此，弓箭和兵车的配合使用，既限制了弓箭的攻击力量也限制了马的速度。大概到春秋战国之交，僻处在中国北边的匈奴人（当时称为戎、狄或胡），便早已经开始使用"骑射"，就是把弓箭和马匹配合在一起使用，并且训练出大量的骑兵。骑兵的攻击力强、速度快，简直可称作现代的"机械化部队"。战国时代的胡人，曾经使用这种骑兵，出没于燕、赵和秦国的边境，使这些国家的兵车和步兵无法防御。后来，竟逼得一些邻近胡人的国家，也都开始训练骑兵，以对付入侵的胡人，最著名的一个例子，便是赵武灵王的胡服骑射。

匈奴人把中原所发明的弓箭和游牧民族的骑术联合在一起，形成新的战斗方式，应该远在春秋战国之前。我们从历史记载上可以看出西汉初年匈奴冒顿单于，在骑兵的装备、训练和战术方面，都已经有了宏大的规模。例如他在白登围困汉高帝的骑兵阵容，西面一律是白马，东面一律是青马，北面一律是黑马，南面一律是红马。马的颜色整齐分布，军队阵形井然有致，证明了匈奴马匹的精良和装备的优良，这样一支精锐的骑兵，必然要经历较长时间的训练。

汉高帝是中原步兵武力的最高统帅，他做梦也想不到自己被匈奴的骑兵整整围困了七天七夜，后来虽然侥幸脱险，但仍然心有余悸。毕竟匈奴骑兵的强大给汉高帝一朝留下的印象是极其深刻的。后来匈奴遗书羞辱吕后，樊哙自告奋勇，欲以十万骑出兵匈奴，满朝文武皆认为不可轻举妄动，拿出了汉高帝被困于平城的失败教训，吕后最后采纳了群臣的意见，只是回书教训一下冒顿了事。事隔六十多年后，到汉武帝元光二年，汉朝君臣在辩论对匈奴和战问题的时候，御史大夫韩安国又提出了高皇帝被围的故事，认为不应当攻击匈奴。当时，汉朝的土地与人民数倍于匈奴，自开国至汉武帝开始攻击匈奴，中间约有七十年的时间，都是拿女人和缯帛米酒送给匈奴，美其名曰"和亲"，换来暂时的和平。匈奴人更是无数次背信弃义，一次和亲，至多能使匈奴三五年不入侵。这种情形，到文帝时代，已经有人看不惯，贾谊尤其认为是一种国耻。其实，汉朝在尚未拥有可以和匈奴骑兵相抗衡的能力以前，汉朝的土地虽大，人民虽多，对于匈奴的侵掠，是无法防止的，高帝以来所实行的和亲政策，仅仅是一种减少损失的救急办法。因为要想对付匈奴，无论是攻或守，都要有强大的骑兵才行。这种形势，一直到汉文帝时代还没有多大变化。

现在我们讲一下汉朝骑兵的建设历史。汉武帝在讨伐匈奴之前，已经组建成功一支强大的骑兵。大概从高祖以来，汉朝为了对付匈奴所拟订的建军计划，主要就是骑兵组建问题。怎样去组建一支强大的骑兵呢？首先，要有马匹。汉朝初年，因连年战乱和灾荒，中原的马匹丧失殆尽，甚至天子的车架，都凑不齐颜色一致的四匹马，将相多乘牛车，一匹马，价值百金。在这种情形之下，骑兵的组建，根本无从谈起。后来，经过汉初七十年的休养生息，社会财富增加了，政府又奖励养马的人民，到汉武帝即位的时候，已经是"众庶街巷有马，阡陌之间成群，而乘字牝者傧不得聚会"。汉武帝为了讨伐匈奴，大量养马，厩马至四十万匹。这样，才奠定了骑兵组建的基础。在骑射技术的训练方面，完全是以胡人的技术作训练的蓝本。一方面，利用所谓"六郡子弟"来传授骑射技术；另一方面，大量雇用胡人，请他们担任训练骑兵的教头。汉武帝初年曾经设置八校尉，即中垒、长水、步兵、虎贲、射声、胡骑、越骑、屯骑（后因胡骑校尉不常置，故称七校），其中有四个校尉，是和骑兵的训练有关的，可见汉武帝时代的重军计划，是以骑兵建设为主，这四个校尉的职掌如下：屯骑校尉掌骑士，越骑校尉掌越骑，长水校尉掌长水宣曲胡骑，胡骑校尉掌池阳胡骑，不常置。

骑士就是由各地征调来的骑兵，越骑是投降的越人骑兵。"长水宣曲胡骑"即长水胡骑之屯于宣曲者，"池阳胡骑"即胡骑之屯于池阳者。射声校尉，掌待诏射声士，"射声士"就是善射的士人，须待诏所命而射，故曰"待诏"。另有许多精于骑射的"六郡子弟"，先被选作皇帝的侍从为"郎"或充作"期门"或"羽林"。

依上所述，可见汉朝组建骑兵的历程，是相当艰巨的。这支新建的骑兵，便是汉武帝进攻匈奴的重要武器。因为要想解决匈奴这个心腹大患，光靠等到他们入侵的时候再迎头痛击是不够的，必须能够主动出击，在必要时期，能够深入穷追，将其歼灭。我们相信，汉武帝在对匈奴发动攻势的时候，他已经确实握有这样一支强大的骑兵在手了。

这支强大的骑兵所担负的战争任务，是相当繁重的。在战争进行中间，它至少要能够达成下列任务：

（一）击溃敌人的主力

（二）斩捕首虏

（三）虏获人畜

（四）焚烧敌人的辎重

事实上，汉武帝要想让骑兵能够发挥最大的效能，更需要出色的将领。关于择将的重要性，晁错在向汉文帝论对匈奴的军事的时候，曾经这样说过：

> 自高后以来，陇西三困于匈奴矣。民气破伤，亡有胜意，今兹陇西之吏，赖社稷之神灵，奉陛下之明诏，和辑士卒，底厉其节，起破伤之民以当乘胜之匈奴，用少击众，杀一王，败其众而法曰大有利。非陇西之民有勇怯，乃将吏之制巧拙异也。故兵法曰：有必胜之将，无必胜之民。繇此观之，安边境，立功名，在于良将，不可不择也。（《汉书·爰盎晁错传》）

防胡需要良将，进攻胡人，当然更需要良将。文景时的贾谊与晁错曾多次上书谈及此事。可见武帝在选择进攻匈奴的将帅上，费了很大的心思。他首先重用了卫青，后来，又发现了霍去病的军事才能。

根据现存的历史记载，卫霍两人所参加的每一场战役，都不会否认他们两人都是天才的骑兵将领。他们在广漠的塞外，从未失道，在深入敌军几千里的行军作战中，从未遭受过敌人的包围聚歼，胜利追随着他们，敌人以逸待劳和熟悉地形的优势在卫青和霍去病面前失去了效力。

骑兵战术

卫青和霍去病在进攻匈奴的军事行动中，都能以最小牺牲，获得最大胜利，这是当时任何将领所不及的，尤其霍去病的深入穷追，动辄千百里，斩捕围获，动辄以万计，其原因就在于他们熟练掌握了在沙漠草原上采用的骑兵战术。

当然，在评论两千年前的卫、霍两将军所采用的骑兵战术的时候，我们不能也不会拿来和现代的骑兵战术做比较研究，因为战术是随着兵器的进化而变化的，古老的兵器不会产生近代的战术。但在战术的原则方面，古今中外，是大体一致的。卫、霍两人之所以成为进攻匈奴的天才统帅，同样是因为他们能在行军、宿营、作战的时候,避免了无谓牺牲,扩大了攻击效果,尤其在实际作战的攻击、防守、追击、回师诸种历程中,表现出了卓越的军事才能。他们首先创造出汉人的骑兵在沙漠草原作战所应该采用的骑兵战术。这种新的骑兵战术,是他们参考前人作战经验,广寻熟悉匈奴内幕的汉人或投降的匈奴人,更掺杂以他们个人的军事才能的结晶。有了这种骑兵战术,才使汉人的开塞出击和穷追深入由不可能变为可能、由危险变为安全、由失败变为胜利。汉武帝时代出击匈奴的将领,失败者十之七八,成功者十之二三,关键原因并不在将领个人的勇怯,而在将领能否运用正确的骑兵战术来指挥自己的军队。军队的战斗力相差无几,在正确战术的指导下,他们会由弱转强,反之便会由强转弱,这便是所谓"有必胜之将,无必胜之兵","必胜之将"就是能够创造和运用正确战术的将领。卫、霍都是"必胜之将",他们都能够创造和运用正确的骑兵战术。所以,他们才未重蹈韩安国、李广、公孙贺、张骞等的覆辙,几乎是每战必胜。

在正确的战术运用之下,卫青、霍去病所率领的汉兵是比较安全的,他们比起一些失败的汉兵,在行军的过程中采取了以下几种方式来保证后勤补给的充足,避免犯失道迷途、无功而返的错误。

(一)取食于敌:汉军防守和进攻匈奴所碰到的第一个难题,就是给养的问题。秦始皇派大将蒙恬攻胡,辟地千里,发天下丁男以守北河(即黄河河套),因为这些地区不生五谷,要由遥远的山东(崤函以东)一带输送粮秣到现在的内蒙古境内,大概是"率三十钟而至一石",意思是说平均每消耗掉三十钟粮食,才能勉强将一石粮食送到前线,这就是古代低的可怕的转运效率,军事后勤学上将其称为"距离的暴虐",因此引起天下骚然。汉初虽有人主张移民实边,同时解决征发戍卒和输送粮秣的困难,却一直没能实行。到汉武帝想开塞出击的时候,更碰到比供给守军更困难万倍的粮秣问题。关于这一点,韩安国曾在汉武帝元光二年反对诱击匈奴时说道：

> 今将卷甲轻举，深入长驱，难以为功；……疾则粮乏，徐则后利，不至千里，人马乏食，兵法曰："遗人获也。"意者有它缪巧可以禽之，则臣不知也；不然，则未见深入之利也。（《汉书·窦田灌韩列传》）

这是说汉兵要想"长驱深入"地去进攻匈奴，粮秣不能多带，势必"不至千里，人马乏食"。卫、霍出塞，动辄千余里，是怎样解决粮秣问题的呢？除了由士兵自身和随军辎重车骑所携带的粮秣外，卫、霍两人都是善于取粮于敌的。深入的程度越深，便越需要取粮于敌，所以霍去病"取食于敌，卓行殊远而粮不绝"（见汉武帝发表的关于元狩四年去病出代击匈奴之役的战报）。同年，卫青率兵至寘颜山赵信城，"得匈奴积粟食军，军留一日而还"，可见卫、霍两人所率的骑兵在进击战的时候，多半是以敌人的食粮为食粮的。

（二）因势地利：因为出塞的汉兵，大部分是骑兵，水草一旦短缺，马匹无法存活，便等于机械化部队丧失了发动机。而在沙漠中找寻水草，在汉人看来，又是一件相当困难的事情。卫、霍两人解决水草的问题，大概是靠了两种人的指引。一种是留居匈奴较久的汉人，一种是投降汉朝的匈奴人，他们都有游牧的知识，所以晓得如何去寻获水草。前者可以博望侯张骞为例，他因为在第一次出使西域时，被匈奴扣留十余年，长期的游牧生活，使他富有了游牧知识，曾于汉武帝元朔六年随卫青出定襄，击匈奴，便利用他的游牧知识，充作向导，在沙漠中寻获了水草，解除了人马的饥渴，因而封博望侯。后者的例子更多，尤其在霍去病的军中，投降的匈奴人（汉武帝诏中所谓"荤兀之士"），是占了很大比例的，所以更容易解决水草问题。

（三）向导先行：汉兵开塞出击，所碰到的另一难题，是向导问题。因为塞外人口稀少，地形复杂，尤其在沙漠中和深山内行军，是极容易迷路或遭受敌人的伏击包围，所以更需要有好的向导。以上三个方面是卫、霍两人在后勤保障方面的战术，让军队可以后顾无忧，那么在作战的时候，卫青和霍去病又有哪些创新呢？

中国军事史研究编写组在《中国历代军事家》一书中概括卫青、霍去病的战术为：1.远程奔袭、迂回包抄，代表战役是卫青河南之战。2.连续攻击、乘胜追击，代表战役是霍去病河西之战。3.两翼迂回、车守骑攻，代表战役是卫青漠北之战。

一、远程奔袭、迂回包抄

对匈奴的反击战，首次创立了使用骑兵军团大规模机动作战的战术。汉武帝时期，年轻的将领卫青、霍去病等奉命统率大规模的骑兵军团，深入到匈奴境内进行机动作战，创造了许多前所未有的骑兵新战术，其中包括远程奔袭，迂回包抄。元朔二年的河南之战，卫青与李息率汉军精骑从云中向西大迂回，到达高阙，然后南下，突然掩袭白羊、楼烦二王，一举收复了河南地。这种远程奔袭、迂回包抄的战术，既充分利用荒漠草原地区地形开阔、便于驰骋的自然条件，又充分发挥骑兵军团灵活机动、快速敏捷的特点，往往能够收到出其不意、攻其不备的效果，此后，汉军出塞，每每使用这种战术，都是屡试不爽。

二、连续攻击、乘胜追击

元狩二年的河西之战，霍去病在春季第一次由陇西深入河西走廊，进攻匈奴，取得了不小的胜利。但实行正面突击战术，只能迫使匈奴远遁，未能彻底歼灭其军事力量。同年夏，霍去病在稍事休整之后，再次率精骑出击，并改取大迂回战法，自灵武渡河，越贺兰山，向西北挺进，绕居延海，由北转南经小月氏，再由西北转向东南，深入二千余里，进至黑河流域，从侧背后向浑邪王、休屠王发动突然进攻。匈奴骑兵一般都是在秋高马肥之时用兵作战，他们没有料到汉军会在春、夏两季发动进攻，更没料到汉军会在不到半年的时间内连续发动攻击，被打了个措手不及，败涂地，浑邪王等力竭而降。

三、两翼迂回、车守骑攻

汉武帝元狩四年夏，汉武帝经充分准备，派兵深入漠北，寻歼匈奴主力。匈奴伊稚斜单于闻汉兵将至，按赵信的意见，"远其辎重，以精兵待于幕北"，准备迎击。卫青自定襄出兵，穿越沙漠千余里，抵达漠北，见单于严阵以待，下令以武刚车环绕为营，以防敌骑的袭击，而命五千骑兵出击匈奴单于，单于以万骑应战。双方交战至黄昏，大风忽起，飞沙扑面，两军展开了势均力敌的胶着战，最后以大汉的胜利告终。

四、奇袭战术

很多研究者认为他们二人还有一个更重要的战术，那就是对于奇袭战术的熟练运用，尤其是夜袭战术，他们犹如天兵天将一般降临匈奴的王庭，瞬间打乱了匈奴的军心，最终让他们土崩瓦解。

卫青和霍去病能够每战必胜的秘诀在于特别善于奇袭。卫、霍的十余次出击都是呈进攻的态势，其要领是必须先发制人，更要能出其不意、攻其不备，所以攻势作战在本质上就含有一种奇袭的意义在内。卫青、霍去病的出击，都是攻势战争，所以利于对敌施行奇袭。奇袭的目的，是用闪电般的姿态来迅速歼灭或击溃敌人的主力。奇袭的条件，一要统帅有大决心，二要军队的行动迅速而隐密。现在翻开卫青、霍去病的战争画卷来看，他们两人所参加的每一次战役，都含有奇袭的意味在内。因为是奇袭，所以必须直扑敌人的王庭，才能渗透到敌人的后方。奇袭战中效用最大的是夜袭。卫青在元朔五年,出高阙,围攻匈奴右贤王之役,就是一次最成功的夜袭。当卫青亲率大军直达匈奴右贤王的王庭,并且把他团团围住的时候,他才从醉梦中惊起,事前竟毫无准备,这是多么神速而秘密的一次进军呀!

奇袭更是霍去病的拿手好戏。他率领着最精锐的部队,人强马壮,惯于以疾风扫落叶的态势去猛扑敌穴,去穷追敌人,完全脱离了军事驻地的束缚,一把利剑似的插入敌人的心腹,他的兵力一定要集中使用,一定要争取速战速决,并且一定要对准敌人的主力攻击。霍去病的胜利,也全部是奇袭的胜利,所以他的斩获最多,而且在斩捕的首虏中间,大多有匈奴的王侯和相国将军等重要官员在内。

卫青和霍去病在骑兵战法开创方面多有天才建树,除了将精锐的骑兵和最优秀的战将投入战斗外,还调集大批马匹与步兵,运送粮草辎重,以解决远距离作战的补给问题。而在作战中,汉军统帅又发挥了出色的指挥才能,充分利用骑兵的机动性与冲击力,不仅敢于深入敌境,而且善于迂回包抄,特别是卫青,在遭遇单于主力后,机智地运用了车守骑攻、协同作战的新战术,先借助战车的防御能力使自己立于不败之地,继而发挥骑兵迅速机动的攻击能力,迂回包抄敌军的两翼,一举击溃单于的主力,更显示出他在战役指挥方面的优异才能。所有这一切,都为汉军的胜利提供了保障。而他们所创造的天才的战术也为后代兵家行军打仗提供了诸多宝贵的经验。

战场的勇士 朝野的中庸

对养士之风深恶痛绝
请辞分封三子
为李敢射杀自己隐晦
尊重直臣汲黯
不擅杀部将
以五百金讨好王夫人
常为士卒先

  在总结卫青、霍去病两人生平的时候，首先，我们对他们伟大的历史成就，产生了崇高的敬意。他们在仅仅十年之内，向匈奴发动了共十次（卫青出击七次，霍去病出击六次，其中三次是一同出击的）的攻势，便扭转了东亚的国际形势，把一个曾经在公元前三世纪和公元前二世纪之交称雄东亚的匈奴部落打得奄奄一息，避居漠北，稳固了汉朝的国防，奠定了汉与匈奴两大民族融合的基础。其个人成就之巨，对国家贡献之伟，都是值得大书特书的。自然，在评论汉代历史的时候，谈到武功成就，不得不先推崇汉武帝的雄才大略和一般将校素质的优良。

  其次，我们更应该看重卫、霍两人的功绩。他们在十次出击中，完成了下列三大任务：其一是击溃了匈奴骑兵的主力，其二是虏获了大量牲畜和人口，其三是增辟朔方、敦煌、酒泉、武威、张掖诸郡。这三项任务的完成，都是极不容易的事情。因为汉军所采取的是一种攻势，更是在远离国土的沙漠上作战，其所遭遇的困难、辛苦与危险，都比在普通战争中所遭遇到的多而且大。卫、霍两人的胜利，是汉武帝时代的国力总和、正确的战略、天才将领的指挥及广大将士奋勇杀敌的产物。论到将才，中国古代的兵学圣人孙武曾经提出"智""信""仁""勇""严"五要件，欧洲近代的兵学权威克劳塞维茨也提出了所谓"军事上的天才"，是要有"勇""慧雄眼""果断""常住心"（恒心）等条件。卫、霍两人的将才卓越，他们的成功完全是由于指挥有方和战斗勇敢，既不是出于天幸，更不是沾了外戚身份的荣光。

卫青在元狩四年之役后，未再出击匈奴，卒于元封五年，谥曰烈侯。他死后，其长子伉继承侯位。比起霍去病，卫青的恢宏大度，屈己爱人，是更富有大将风度的。

卫青为臣子可谓是隐忍的典范，古之为将，贵在征伐；古之为臣，贵在顺服。而为将者能忍受战场之杀伐，却无法适应在朝之顺服，故而他们的凯旋之日也是帝王生疑之日，屡有兔死狗烹的历史事件出现，让人不胜唏嘘。

战场是艰辛的，虽然贵为大司马，但身处沙场，依然过的是"严刁息夜斗，辛角罢鸣弓。北风嘶朔马，胡霜切塞鸿"的生活。如此的辛碌，只为的"休明大道暨，幽荒日用同。方就长安邸，来谒建章宫"终年征战换来功勋卓著，本以为从此可以高枕无忧，却不想换来的是皇帝的猜疑和群臣的妒忌。俗话说"伴君如伴虎"，入朝为官本来就是一个高危职业，而作为武将则更是高危中的高危。必然要有很高的修行才能逃过杀身之祸。卫青便是如此，既有英勇杀敌的英雄气概，也有明哲保身的谋臣智谋。

卫青在朝的表现，史书上记载不多，大致有如下几件事情。

对养士之风深恶痛绝

养士的风气，起于春秋时期，盛于战国时期，最著名的是孟尝君、信陵君、平原君、春申君等。司马迁在《史记》中评价他们说：

> 古布衣之侠，靡得而闻已。近世延陵、孟尝、春申、平原、信陵之徒，皆因王者亲属，藉于有土卿相之富厚，招天下贤者，显名诸侯，不可谓不贤者矣。

汉朝初年的代相陈豨、淮南王安、窦婴、田蚡等，也都是凭借着政治地位招致宾客的。在他们所招致的宾客之中，一部分是辩士，一部分是游侠。汉朝初年的大侠如朱家、剧孟、郭解之流，他们虽然是平民，也广聚党徒，他们的社会地位极高，和在政治上极有权势的人物，也保持着密切的联系。这些大侠和各地的富户向来是作奸犯科，无所不为，实为政治统一的一大障碍。

窦婴、田蚡以至灌夫之所以能够干政，主要是靠了他们大量招揽的宾客，培植的私党，这些宾客或私党，是他们干预朝政与互争权势的重要武器，同时也是他们走上专政和互相倾轧之途的重要力量。大概在汉朝初年，社会上一般从事工商与农业生产的游侠、辩士与失意的政客，大都寄食在几个著名的显宦或外戚的门下。"养士"成了一种政治风尚，一种和王权发展相冲突的风尚。

田蚡是汉武帝的舅舅，但是汉武帝对其很不满意，是因为他发现了田蚡生前曾与谋反的淮南王安有勾结，所以深恨田蚡，并且说："如果武安侯不死，他也要被族诛了！"

诸上种种事件，让卫青明白了汉武帝对于养士的厌恶和憎恨之情。所以作为一名循规蹈矩的臣子，卫青虽然是一个叱咤风云的军人，却是十分谦和的，他为了避免重蹈窦婴、田蚡的覆辙，力矫他们所犯的错误，绝对以汉武帝的命令为自己的意志。卫青、霍去病是汉武帝的忠实名将，他们对于汉武帝的才略、主张以及一切军事政治上的作风，都是绝对拥护的，对于汉武帝的王权，也视为神圣不可侵犯的。在他们看来，养士是皇帝的事情，是"王权"的一部分，人臣是无权过问的。这种拥护统一王权的政治思想，是卫青、霍去病两人的中心思想，他们根据这种认识，去执行他们的军事任务，更根据这种认识，去参加政治活动。因此，在政治作风上，他们所表现的是一种保守、退让而且不大喜欢和士大夫接近的消极态度，这种态度与当时的政治风尚大相径庭。所以曾引起了卫青的副将苏建对他的提醒，他说："大将军的地位已经很高了，但是那些有名气的士大夫，却都不大了解并宣传你的功绩，希望大将军参考一下古代名将招募士大夫的办法，努力养士。"

卫青这样回答苏建："从窦婴和田蚡大招宾客以来，天子就经常恨入骨髓，本来亲近和安抚士大夫，招选贤才，废除不得力的干将，都是人主的权力，作为臣子只要奉法遵职就是了，不需要参与招士！"

这段话，充分说明卫青之所以不敢从事大规模的和含有政治性养士的原因，是由于他明白汉武帝十分讨厌窦婴和田蚡大招宾客，所以不敢再蹈他们的覆辙。同时，汉武帝在卫青贵为大将军之后，也生怕卫青植树党羽，处处予以防范。

最显著的一个例子，便是汉武帝回绝了卫青代当时的大侠郭解不迁徙茂陵的请求。

在汉武帝元朔二年，主父偃建议把天下的豪杰和富户一齐集中到京城，让他们住在茂陵（汉武帝之陵，汉制在皇帝即位后，即开始造陵），关东大侠郭解亦在被迁之列，卫青曾经向汉武帝替郭解请求免迁，理由是说郭解家贫,不够迁徙的标准,汉武帝却说:"郭解是一个平民,居然能够叫大将军替他说情,他的家里一定不贫!"郭解终于被迁徙茂陵。后来,因杀人获罪,被族诛。由此可见,汉武帝确实是有意防范卫青植树党羽,所以不让他和当时的游侠串通一气,也使他得不到一般辩士的拥护。

主父偃在初到长安的时候,便投身在卫青门下,卫青几度向汉武帝保荐,汉武帝不予录用。最后,他自己直接上书,早晨上书,晚上便被召见了。

在汉武帝一朝的政治舞台上,卫青虽不是权臣,却是一位心系国家社稷安危的重臣。他绝不是一勇之夫,虽然恪守军人本分,在政治上,保持着谦逊柔顺的作风,也就是采取"明哲保身"的政策,但他对于汉武帝一朝的政治,确实是一股重要的安定力量。卫青不但具备了名将的条件,也兼有古大臣之风。他的存在,自然可以消反侧而弥叛乱。在淮南王刘安筹备谋反时,卫青起到了很大的震慑作用,刘安的谋士伍被坚决认定卫青是汉朝最可怕的人物,并且向刘安建议道:"只有先把大将军刺死,才可举事!"刘安采纳了伍被的建议,准备派人潜去长安,投身在大将军的门下,一旦起兵,便先把大将军刺死。后来,因为伍被告密,淮南王的谋反计划,便彻底失败了。

请辞分封三子

元朔五年,卫青出高阙,击匈奴,有功,拜大将军,益封八千七百户。汉武帝下旨要封卫青的三个幼子为侯。卫青特别体恤下属,不私自揽功,觉得胜利是将士用命的结果,坚决请辞三子的封侯。

《史记·卫将军骠骑列传》载:臣幸得待罪行间,赖陛下神灵,军大捷,皆诸校尉力战之功也。陛下幸已益封臣青,臣青子

> 在襁褓中，未有勤劳，上幸列地封为三侯，非臣待罪行间所以劝士力战之意也。伉等三人何敢受封！

汉武帝听后异常感动，说："我非忘诸校尉功也，今固且图之。"

这样经过卫青的一番情词恳切的争取，汉武帝一方面照旧封了卫青的三个幼子为侯，另一方面大加封赏了从征有功的一般将校。他手下的将领公孙敖、苏建、张次公等无不对他的举动深深感恩，也因为如此，卫青得到了众校尉的拥护和爱戴，所以他的军队在团结协作上是其他军队所不能比拟的。这也是卫青的军队能够七战七胜的重要原因。

为李敢射杀自己隐晦

卫青在七击匈奴的过程中，李广为前将军，与右将军赵食其俱因失道，导致兵败。卫青派人去问李广失道的原因，欲上述武帝澄清缘由，而李广因多次兵败，直到暮年不得封侯，不堪再忍受武帝的审问与责罚，万念俱灰，自刎以谢天下。李广的死，无论从任何方面讲，卫青是不需要负主要责任的。但在当时，一般人好像都不谅解卫青，尤其《史记》的作者司马迁，认为卫青临时不令李广与单于作战，除了相信李广数奇之外，还有意借此机会提拔他的好友公孙敖。不管司马迁的书写是否是歪曲历史，但是当时以李家为首的旧式贵族确实因为这一件事情记恨于卫青，他们把李广身死的责任都推卸到卫青身上。于是便发生了如下的历史事件：

> 广死明年，李蔡以丞相坐侵孝景园堧地，当下吏治，蔡亦自杀，不对狱，国除。李敢以校尉从骠骑将军击胡左贤王，力战，夺左贤王鼓旗，斩首多，赐爵关内侯，食邑二百户，代广为郎中

令。顷之，怨大将军青之恨其父，乃击伤大将军。大将军匿讳之。居无何，敢从上雍，至甘泉宫猎。骠骑将军去病与青有亲，射杀敢。去病时方贵幸，上讳云鹿触杀之。

李广死后，李广的第三子敢（李广长子当户、椒皆先广死，李陵为当户遗腹子）恨卫青入骨，曾击伤卫青，卫青竟匿讳不报。不久，李敢随从汉武帝到甘泉宫射猎，霍去病深恨他击伤卫青，设计杀掉李敢，替卫青报仇。汉武帝虽然晓得了这件事情，因为一则爱幸去病，不忍加罪，一则洞悉李敢击伤卫青之事，便说李敢是被鹿碰死，轻易地把这件事情掩盖过去了。

同样一件事情，我们可以看出卫青和霍去病不同的性格特征。卫青的性格隐忍持重，对同僚、下属乃至敌人都能做到宽宏大量，是一位气度非凡的将军。而霍去病则勇武果敢，睚眦必报，在心胸和气度上来说，都比不过他的舅舅卫青。

尊重直臣汲黯

汉武帝时期虽然重用酷吏，但是对于一些有才华的直臣也是相当器重的。汲黯便是汉武帝时著名的直臣，这位被卫青尊重并且问道的大臣到底是一位什么样的人物呢？

《史记·汲郑列传》载：黯为人性倨，少礼，面折，不能容人之过。合己者善待之，不合己者不能忍见，士亦以此不附焉。然好学，游侠，任气节，内行修絜，好直谏，数犯主之颜色，常慕傅柏、袁盎之为人也。

意思是说，汲黯与人相处很傲慢，不讲究礼数，当面顶撞人，容不得别人的过错。与自己心性相投的，他就亲近友善；与自己合不来的，就不耐烦相见，士人也因此不愿依附他。但是汲黯好学，又好仗义行侠，很注重志气节操。他平日居家，品行美好纯正；入朝喜欢直言劝谏，不顾皇上的脸色屡次冒犯皇上，时常仰慕傅柏和袁盎的为人。

不仅朝臣很尊重他，就连汉武帝也很尊重他，甚至是有点害怕他。

> 《史记·汲郑列传》载：大将军青侍中，上踞厕而视之。丞相弘燕见，上或时不冠。至如黯见，上不冠不见也。上尝坐武帐中，黯前奏事，上不冠，望见黯，避帐中，使人可其奏。其见敬礼如此。

大将军卫青拜见汉武帝，汉武帝在如厕的时候就召见了他。丞相公孙弘拜见汉武帝，汉武帝有时不戴帽子就出来了。但是汲黯来觐见汉武帝的时候，汉武帝不戴帽子是绝对不会出来的。可见汉武帝对汲黯的尊敬和敬畏之情。由此可见汲黯在武帝一朝的存在，犹如唐太宗一朝的魏征一般，是一面刚直不阿的镜子般的存在。

汲黯和卫青的正面接触，在史料中也有记载。

> 《史记·汲郑列传》载：大将军青既益尊，姊为皇后，然黯与亢礼。人或说黯曰："自天子欲群臣下大将军，大将军尊重益贵，君不可以不拜。"黯曰："夫以大将军有揖客，反不重邪？"大将军闻，愈贤黯，数请问国家朝廷所疑，遇黯过于平生。

大将军卫青已经越发得尊贵了，他的姐姐卫子夫做了皇后，但是汲黯仍与他行平等之礼。有人劝汲黯说："从天子那里就想让群臣居于大将军之下，大将军如今受到皇帝的尊敬和器重，地位更加显贵，你不可不行跪拜之礼。"汲黯答道："因为大将军有拱手行礼的客人，就反倒使他不受敬重了吗？"大将军听到他这么说，更加认为汲黯贤良，多次向他请教国家朝廷中的疑难之事，看待他胜过其他同僚。

那么卫青如此地看中汲黯是因为他们二人政治主张一致，惺惺相惜吗？恰恰相反，汲黯在对匈奴战争上一直是持反对意见的。在《史记·汲郑列传》里提到"黯务少事，乘上间，常言与胡和亲，无起兵。"

但是卫青能对一个和他政见相反的直臣如此尊敬，并屡屡向其请教国家的大政方针，而且卫青的职位一直都比汲黯要高，卫青为人的胸襟与智慧可见一斑。这也是他有生之年在武帝一朝屹立不倒的原因所在。

不擅杀部将

元朔六年，右将军苏建和赵信所率领的三千人马碰到了匈奴的主力，最终全军覆没，苏建得以逃回汉军大营，而赵信则投降了匈奴。此时如何处置苏建便成为了摆在卫青面前的难题。

《史记·卫将军骠骑列传》载：右将军苏建尽亡其军，独以身得亡去，自归大将军。大将军问其罪正闳、长史安、议郎周霸等："建当云何？"霸曰："自大将军出，未尝斩裨将。今建弃军，可斩以明将军之威。"闳、安曰："不然。兵法'小敌之坚，大敌之禽也'。今建以数千当单于数万，力战一日余，士尽，不敢有二心，自归。自归而斩之，是示后无反意也。不当斩。"大将军曰："青幸得以肺腑待罪行间，不患无威，而霸说我以明威，甚失臣意。且使臣职虽当斩将，以臣之尊宠而不敢自擅专诛于境外,而具归天子,天子自裁之,于是以见为人臣不敢专权,不亦可乎?"军吏皆曰"善"。遂囚建诣行在所。入塞罢兵。

大将军卫青就苏建的罪过向军正闳、长史安、议郎周霸等征询意见,说:"怎样定苏建的罪过?"

周霸说:"自从大将军出征,不曾杀过副将。如今苏建弃军而回,可以杀苏建以表明大将军的威严。"

闳和安都说:"不能这样。兵法书上说两军交锋,军队少的一方即便坚决拼搏,也要被军队多的一方打败。如今苏建率几千军队抵御单于的几万军队,奋力战斗了一天多的时间,战士全部牺牲,仍然不敢有背叛汉朝的心意,自己归来。如果被杀死,这是告诉战士今后若要失败就不能返回汉朝,所以不应当杀苏建。"

大将军卫青说:"卫青我侥幸得到皇帝的信任在军中为官,不忧虑没有威严,而周霸劝我树立个人的威严,不符合做人臣的原则。况且假使我的职权允许我斩杀有罪的将军,但是凭我现在的地位也不能擅自做主,应该把情况向天子详细报告,让天子自己裁决,由此表现出做臣子的不敢专权,不也是可以的吗?"

军中官吏们都说:"好!"

于是就把苏建关押起来,送往汉武帝的行宫。卫青领兵进入边塞,停止了对匈奴的征伐。由此可见,卫青不但不敢侵犯皇帝的"养士"之权,同时也不敢侵犯皇帝的"生杀"之权。

当然,此处的做法,并不仅仅是卫青不敢侵犯皇帝的"生杀"之权的表现,更是卫青低调怀柔政策的一种表现,也是保住苏建性命的一种手段。因为从上面的讨论中可以看出,当时在军中对苏建持死刑态度的大有人在,卫青完全可以杀掉苏建来为自己树立更多的军威。但是一向仁和体恤下属的卫青并没有这么做,但是他又不能自己赦免苏建的罪行,按照武帝一朝依据斩杀率来定军功的律法，苏建不但没有丝毫斩获，还全军覆没，是必斩无疑的。所以，此时的卫青把苏建送上囚车的举动，是对苏建的一种救赎。汉武帝明白卫青把苏建千里迢迢送到他的面前，就是为了求自己免除苏建一死。所以最后苏建免于死刑，是卫青的怀柔政策救了他。通过这件事情，我们不光看到了卫青对武帝的忠诚，也能看到卫青为将和为人低调的智慧。

这件事的功绩不仅仅为汉朝挽救了一员大将，更为汉武帝赢得了朝臣的忠心和感恩，正因为感念于汉武帝对苏建的不杀之恩，才会有后来的苏武牧羊的故事。《汉书》记载：武曰："武父子亡功德，皆为陛下所成就，位列将，爵通侯，兄弟亲近，常愿肝脑涂地。今得杀身自效，虽蒙斧钺汤镬，诚甘乐之。臣事君，犹子事父也，子为父死无所恨。愿勿复再言。"可见，苏武对于汉武帝的感恩之情，使他能够身在匈奴心在汉几十年不动摇，从而创造了历史上绝无仅有的忠臣佳话的原因所在。可以说卫青此举是"明德深远"的仁义之举，没有汉武帝和大将军卫青对苏建的免死，就未必会有苏武孤忠苦节的感念。

以五百金讨好王夫人

《史记·卫将军骠骑列传》载：大将军既还，赐千金。是时王夫人方幸于上，宁乘说大将军曰：将军所以功未甚多，身食万户，三子皆为侯者，徒以皇后故也。今王夫人幸而宗族未富贵，愿将军奉所赐千金为王夫人亲寿。大将军乃以五百金为寿。天子闻之，问大将军，大将军以实言，上乃拜宁乘为东海都尉。

在大将军六击匈奴凯旋之后，因斩首虏万余级，汉武帝奖励他黄金千两。有一个叫宁乘的同僚劝说卫青：将军能够有如今的成就，不但自己为万户侯，三个儿子也都封了侯，这都是皇后提携的原因。如今王夫人得宠，但是他的家族还没有发达，希望将军能够拿出所赐黄金为王夫人过寿辰。最后卫青听了宁乘的话，拿出五百两黄金来为王夫人过寿。汉武帝听到了这件事感到很惊讶，他是深知卫青的，觉得他不懂得朝堂这一套，他亲自问过卫青，才明白是听了宁乘的话。这位宁乘向卫青献计有功，深得武帝欣赏，便马上被拜为都尉，成为每年食禄二千石的大官了。

这个故事也从侧面证明了卫青对武帝的极端忠诚，武帝赐给他黄金千两，按照卫青的性格，肯定会分给裨将和士兵们不少，现在把剩余的五百金献给王夫人，让武帝在转眼之间就收回了一半，武帝自然满心欢喜。

除此之外，卫青以大将军的身份去讨好王夫人，似乎有些过于柔媚。但是从另一个方面也反映了卫青对姐姐卫子夫的保护和爱戴。他向王夫人示好，获得好处最多的不是他自己，因为他的战功足以让他处于不败之地。但是卫子夫却不同，年纪越大便越容易被武帝厌弃，还有他的外甥刘据年龄尚幼，在他登上皇位的道路上必然荆棘重重。所以卫青枉驾屈尊讨好王夫人，更多的是出于对卫氏家族的保护。作为卫家的顶梁柱，他的态度便是整个家族的态度。所以他此时的做法，是为了给他的姐姐、外甥迎来更加宽松的政治环境。在他献金的第二年刘据被立为皇太子。可以说卫青不仅是战场的英雄，也是家庭的守护者。

常为士卒先

据《史记·淮南衡山列传》记载，当年淮南王意图谋反，他怕朝廷派卫青去镇压，就询问下属卫青为人如何？下属说自己的朋友曾随大将军攻打匈奴，归来后说："大将军遇士大夫有礼，于士卒有恩，众皆乐为之用。"

《史记·淮南衡山列传》载：言大将军号令明，当敌勇敢，常为士卒先。休舍，穿井未通，须士卒尽得水，乃敢饮。军罢，卒尽已度河，乃度。皇太后所赐金帛，尽以赐军吏。虽古名将弗过也。

意思是说，大将军卫青对待士大夫皆礼贤下士，对普通的士兵都有恩，众人都很乐意跟随他，同时他的骑射技术高超，才干出类拔萃。他治军号令明确，上阵杀敌很勇敢，经常冲在士卒的前面。卫青特别体恤下属，休息的时候士兵打井，没有打通，他必须等着士兵们先喝上水，自己才去饮水。收兵的时候，他等着所有的士兵都渡过河自己最后才渡过。皇太后赐给他的金钱玉帛，他都全部赐给自己的将领和士兵。即便是古代的名将超过卫青的也没有几个。

诚然，古代著名爱兵如子的将领有战国时的吴起，还有与卫青同时代的李广。不过跟着李广总是打败仗，跟着卫青不但主帅仁爱有加，而且还七击匈奴，攻无不克，战无不胜，每次都能拿到朝廷的奖赏。所以如果卫将军列传能由士兵和将领来写的话，一定会对他的人品和才干大加赞誉。而不仅仅是司马迁所言"大将军为人仁善退让，以和柔自媚于上，然天下未有称也"。前半句是对卫青为人的肯定，后半句代表的是在武帝一朝失势的贵族阶层的意志，并不能代表全部阶层的意志。

这几个故事，是司马迁不经意间在卫青同僚的传记中穿插的。但是却从侧面印证了卫青的为人，有这样宽宏的气度，才会成为一代名将和重臣，才会集结群臣群策群力，完成汉武帝托付给他的重大军事任务。

卫青较之霍去病除了征伐，还有一个更重要的角色便是三军的统领，他每次出征要统领着比他资历深厚的李广、公孙敖等，所以他不仅要有克敌的谋略布局，还需要有统帅三军的政治头脑，这是他的不易之处。也因为此，在最后一战中，李广因迷途自杀，历史上也多迁罪于卫青。他的选择，他的才智绝类似于东晋的司马懿，所不同的是司马懿所侍奉的三代曹主皆英年早逝，而卫青侍奉的汉主武帝却一直青春鼎盛。最终他熬到五十岁的时候已是身心俱疲，可惜人不胜天，年仅五十二岁的卫青悄然离世，卫家的家族支柱就此倒塌，之后整个家族也接连遭到巫蛊之祸。他们起于贫贱，用毕生的才智和隐忍换来了半世的荣耀，最终得到的却是满门覆灭的结局。我们无法言说，老天对于卫氏是垂青还是折磨，但是终归在历史上由奴仆而进阶王侯，他们也是一个异数吧。

青年之光　英年早逝

顾方略何如耳，不至学古兵法
匈奴未灭，何以家为也
射杀李敢
酷爱蹴鞠，不体恤下属
去病不早自知为大人遗体也
请封三王

卫青七击匈奴，历时六年，戎马生涯，却也是人到中年，过了一个军人体力和智力最巅峰的时期，而寻找匈奴主力的工作需要长途奔袭，这需要一个比他更年轻、更勇猛、更没有负担的年轻将领的出现，接下来我们将浓墨重彩邀请我们的第二位主人公霍去病出场。

霍去病比起卫青来更像是一位孤胆英雄，汉武帝让他率领的铁骑只完全听命于他的领导，他的部队大部分是新兵，他们在朝野没有丝毫根基，只有驰骋疆场获取战功的野心与激情，这样的队伍配合霍去病二十岁血气方刚的年纪，就好比干柴与烈火，一支疾风劲旅就这样诞生了，一个没有丝毫包袱的军队其战斗力是不容小觑的，而霍去病也不辱使命，创造了中国军事史上不朽的神话。

无论历史对于霍去病如何评价，但是英雄的称谓却无出其右者，他是中国历史上最优秀、最年轻的一个攻无不克、战无不胜的战神。

史书上对于霍去病在朝的记载并不多，有一个非常著名的历史事件就是他与卫青一起向武帝觐见请封三王，无疑霍去病是站在卫青这一边的。武帝后来因巫蛊之祸而杀戾太子，至少说明霍去病在朝中是不得志的。同时他对于政治也没有丝毫野心，武帝有意扬霍贬青，霍去病却依然站在卫家的行列，请求封自己姨母的皇子为太子，尽管当时武帝已经很明显地开始打击卫家的势力，但他依然逆势而上，他的举动必然造成武帝对其的不满与反感。

霍去病代表的是中华民族的"青年之光"，其性格勇敢而沉着，骄傲而自负。《史记》载其性格："为人少言不泄，有气敢任"，这是他沉着的表现，也是他能够在战场上攻无不克、战无不胜的原因，但因其自幼生长于深宫，所以他也有自身傲慢自负的缺陷，这也是他的真性情使然。他对于古代的兵法不屑一顾，武帝曾经试图教授他孙子和吴起的兵法，霍去病断然拒绝道："顾方略何如耳！不至不古兵法！"还有他那句著名的"匈奴未灭，无以家为也"，将他骄傲自负的性格展露无遗。他与他的部下虽然俱为疾风劲旅，但是他对于部下却缺乏应有的体恤与关爱，在他的身上体现出来更多的是个人英雄主义的色彩。射杀李敢一事，虽为历史之谜，但是历史把这个凶手怀疑到霍去病的身上，这与他孤傲的性格有着必然的联系。

作为一名将军，他是成功而神勇的，但是缺少一些恢宏大气的元帅风采。作为一名臣子，他也是恪尽职守的，他学卫青一般不养士，不培植自己的势力，没有政治野心和诉求。作为一名青年男子，他是仗义而单纯的，他知恩图报，为了武帝的霸业抛洒了自己的热血，为了卫氏一族不惜拿自己的前程作赌注。作为一名儿子，他对于自己的父母亲则是宽厚和谅解的。这样的英雄是真实而可敬的。

在霍去病年仅二十四岁的生涯中，除却对他战功的描述，我们现在可以找到史书中关于他生活方面的记载有如下六件。

顾方略何如耳，不至学古兵法

《史记·卫将军骠骑列传》载：骠骑将军为人少言不泄，有气敢任。天子尝欲教之孙吴兵法，对曰：顾方略何如耳，不至学古兵法。

意思是说骠骑将军为人寡言少语，有气魄，敢作敢为。武帝曾想教他孙子和吴起的兵法，他回答说："战争只看方针策略如何就够了，不必学习古代兵法。"

由此可以看出霍去病是一名骄傲且自信满满的实干家，孙吴兵法历来是兵家必学的法典，但是霍去病却嗤之以鼻。如果是一般的庸才，便可以理解为是狂妄自大的表现。但是霍去病却是六击匈奴，封狼居胥，致使匈奴远遁的战神。这句话从他的口中说出来，我们便可以理解为他是一位天才的军事家，一位锐意革新，有独特战略眼光的将领。他行军打仗是根据敌我双方的实际情况来排兵布阵，并不仅仅拘泥于兵书上的方针策略。可惜他在二十四岁的年龄便英年早逝，否则他将会留下属于自己独创的兵法。

匈奴未灭，无以家为也

《史记·卫将军骠骑列传》载：天子为治第，令骠骑视之，对曰：匈奴未灭，无以家为也。由此上益重爱之。

这段话的意思是说，汉武帝为奖励霍去病的功绩，准备给他修建府邸，让霍去病去看。结果霍去病说出了让历史动容且特别雄壮的一句话"匈奴未灭，无以家为也"。意思是说匈奴没有消灭，我哪有心思和脸面来筹建自己的府邸呢？他说出这句话以后，使汉武帝更加地看中和喜爱他。

同样是请辞，卫青请辞封三子为侯时，情词恳切，而且分封三子让卫青整个家族都平步青云，可以说卫青的请辞牺牲更大。"伉等三人何敢受封"虽用词恳切，但是却中规中矩，有点惶恐的意思。这也是卫青性格老成持重的表现。

但是霍去病"匈奴未灭，无以家为也"却是异常地豪壮，像极了一位势如破竹的年轻将军的语言，这句话里的豪迈气势颇有些武林大侠的风度。有研究者认为霍去病说出这样的豪言壮语是他的另一种行事手段，是以豪壮来魅惑于汉武帝。即便这个说法成立，私以为当世之时，也只有霍去病这位青年才俊才能说得出这样惊天地、泣鬼神的言语，也只有他才能配得上这样的言语，要是别人说出来便没有这样的效果了。

至于说以豪壮魅惑于上，那也是需要有真才实学的，要不从哪来豪壮的底气？很明显比起卫青颇有几分惶恐的语言，汉武帝更喜欢这样的豪言壮语，因为汉武帝自身就是一个杀伐果断的军事家和政治家，这样的语言说出来和他自身的性格相吻合，他对霍去病的喜欢还颇有些英雄惜英雄的感觉。

射杀李敢

《史记·李将军列传》载：居无何，敢从上雍，至甘泉宫猎，骠骑将军去病与青有亲，射杀敢。去病时方贵幸，上讳云鹿触杀之。

前面在讲到卫青的性格里我们就谈到作为当事人，卫青尚可以为李敢射伤他的行为隐匿，显示出卫青的宽容大度和仁慈。但是霍去病却不这么认为，他喜欢就事论事。李广的死与自己的舅舅卫青没有任何关系，李敢重伤身为大将军的卫青，是公报私仇，没有任何理由可讲。再加上当时社会舆论都将李广的死迁怒于卫青想提拔公孙敖的私心，此时卫青的隐忍似乎证明了李广的死亡确实存在冤屈，而卫青在其中有着不可推卸的责任。卫青的隐忍为李氏家族保留了有生力量，但是却使整个卫氏家族蒙冤，甚至连带着汉武帝的脸上也没有光彩，毕竟重用卫青和霍去病，在朝廷的廷议里有重用外戚的嫌疑。

所以，霍去病便找机会除掉李敢，他不光是要为舅舅报仇，也是要为整个卫氏家族洗白，为汉武帝解除后顾之忧，堵住众臣的悠悠之口。只是他的做法未免有些低级与急躁，让司马迁为代表的旧式贵族所不齿，所以就有了上面列传里的记载。而汉武帝能够轻易地原谅了霍去病的鲁莽，并且为他隐晦是"鹿触杀之"，可见霍去病的做法并不是汉武帝所完全反对的。

笔者认为此事体现出霍去病的性格确实有自私的一面，却也不单单只是睚眦必报那么简单，如果他真的心胸狭隘到如此地步，那么怎么能作为大军的统帅，最终封狼居胥呢？此事更多地体现出霍去病的冷傲、果敢与独断专行。特别能够体现他这个年纪的血气方刚与争强好胜，不容任何有损自己家族和皇家颜面的事情发生。而这件事情也是他表现欲爆棚的一个展示，因为经过这件事情以后，武帝更加地器重他了。他能够想武帝所想，办武帝所不能办之事，这是卫青所不能比的。

酷爱蹴鞠，不体恤下属

《史记·卫将军骠骑列传》载：然少而侍中，贵，不省士。

其从军，天子为遣太官赍数十乘，既还，重车余弃梁肉，而士有饥者。其在塞外，卒乏粮，或不能自振，而骠骑尚穿域蹋鞠，事多此类。

意思是说霍去病很小的时候就跟随皇帝，担任侍中一职，性情娇贵高傲，不会关心士兵。率军队出征时，皇帝要让太官为他专门准备十车生活用品，等他征战归来，就把车上剩下的米、肉丢掉，士兵却有因吃不上饭挨饿的。在塞外与匈奴作战时，因缺乏粮食，有的士兵饿得提不起精神，霍去病还要弄出一块场地踢球玩乐，类似这样的事情还有很多。

可以看出一代天骄霍去病是典型的官宦子弟，他虽为私生子，但自小便可以出入皇宫，很早就担任侍中一职，所以他和卫青不一样。卫青生于贫贱，事事都想着手下的将士，在分封三子的时候，一向顺从的卫青竟然为了手下的将士据理力争，最终使得将士们都有封赏。但是霍去病没有民间生活的基础，所以他并不懂得民间疾苦。当然让一个年方弱冠、锦衣玉食的天才将军去体恤下属的饥寒，似乎也是不可能的事，这也可以看作是霍去病在领军征战的过程中一个致命的缺陷吧。

不过，霍去病在行军中实施的是闪电战，故而必须轻车前行，在千里袭击的路程上并没有带太多辎重以及粮食，以达到节省马力的效果，至于行军途中的给养则是通过以战养战的方式来完成，这也是士兵们挨饿的一个重要原因。同时霍去病激励将士的方式并不是似李广和卫青般的关爱下属，而是以功名利禄来刺激他们，跟着霍去病就能打胜仗，就能获得赏金，就能加官晋爵，所以士兵们也大都愿意跟着霍去病。

至于蹴鞠，是霍去病非常喜欢的一项运动，这个年龄段的青年男子野外蹴鞠是一件非常炫酷的事情。即使在塞外作战的时候，他也放弃不了这种运动，时常就地蹴鞠。他这种热爱运动的生活，就他的性格而论，正是他勇敢乐观的表现，也是青年人应有的健康生活！同时蹴鞠也能锻炼体力，训练军队的团结合作精神，提高士气，是一种很好的练兵方式，并不是纨绔子弟的专属。

去病不早自知为大人遗体也

《汉书·霍光传》载：霍光字子孟，骠骑将军去病弟也。父中孺，河东平阳人也以县吏给事平阳侯家，与侍者卫少儿私通而生去病。中孺吏毕归家，娶妇生光，因绝不相闻。久之，少儿女弟子夫得幸于武帝，立为皇后，去病以皇后姊子贵幸。既壮大，乃自知父为霍中孺，未及求问。会为骠骑将军击匈奴，道出河东，河东太守郊迎，负弩矢先驱，至平阳传舍，遣吏迎霍中孺。中孺趋入拜谒，将军迎拜，因跪曰："去病不早自知为大人遗体也。"中孺扶服叩头，曰："老臣得托命将军，此天力也。"去病大为中孺买田宅奴婢而去。还，复过焉，乃将光西至长安，时年十余岁，任光为郎，稍迁诸曹侍中。去病死后，光为奉车都尉光禄大夫，出则奉车，入侍左右，出入禁闼二十余年，小心谨慎，未尝有过，甚见亲信。

意思是说：霍去病的父亲，名叫仲孺，也是河东平阳人。他在青年时期，曾经和卫青的父亲郑季同样地以县吏身份被调到平阳公主家里当差，就在这当差的期间，和公主家的侍女卫少儿发生关系，生下了霍去病。这时候，他们都是未婚的青年男女，仲孺当差期满归家之后，便正式娶妻，生下了西汉的名臣霍光，卫少儿也大约在同时间内凭借了皇后妹妹的身份，正式嫁给了陈掌。霍仲孺因为和对方没有联系，便日渐把之前的一段恋爱生活和他们的爱情结晶统统忘掉了。

霍去病在童年时期，并不知道他自己的父亲是霍仲孺，直到他进入青年时期以后才知道自己的父亲是平阳县的霍仲孺。但是与卫青不同，尽管霍去病知道了自己的出身，却也并没有因此而懊恼，因为他的童年是何其地幸福与满足。他没有因父亲的缺位而在性格和生活上受到一点影响，相反，他很自豪，他感谢赐予他生命的那个人，让他如此的出类拔萃。于是乎，他很想去看看自己的亲生父亲。一个拥有幸福童年的孩子，他对于自己的亲人是异常宽容的。一个仕途坦荡的青年，最乐于做的事情就是让自己的父母享受到自己成功的喜悦与福利。

于是在汉武帝元狩四年，汉兵与匈奴大决战之前，霍去病就在出发到代郡的途中，顺道去了他未曾住过一天的故乡平阳。他住在平阳的传舍（等于招待所）里面，派人把他的父亲请来，见面之后，霍仲孺先跪倒了，去病也迎面跪下去，并且说：

去病不早自知为大人遗体也！

霍仲孺一直不敢仰视他，并且不断地叩头，说：

老臣得托命将军，此天力也。

这次会晤，使霍去病对他的生父发生了极深厚的情感，他临走的时候，替仲孺买下了许多田宅奴婢。班师回来的时候，又去看了他的父亲一次，并且把他同父异母的弟弟霍光带回长安。这时候，霍光才十几岁，被任命为郎官，后来升职为诸曹侍中。霍去病死后，霍光官至奉车都尉、光禄大夫，因为他小心谨慎，未尝有过，引起了汉武帝的重视，便把幼子（即汉昭帝）托付给他。后来，他总揽朝政二十年，死于汉宣帝地节二年。他掌握朝政大权二十多年，为西汉朝廷立下了不小的功勋。总之，通过霍去病的努力，使霍氏家族在西汉一朝成为赫赫有名的新贵。可以看出霍去病是一名家庭观念很强重情重义的将军。

请封三王

《史记·三王世家》载：大司马臣去病昧死再拜上疏皇帝陛下：陛下过听，使臣去病待罪行间。宜专边塞之思虑，暴骸中野无以报，乃敢惟他议以干用事者，诚见陛下忧劳天下，哀怜百姓以自忘，亏膳贬乐，损郎员。皇子赖天，能胜衣趋拜，至今无号位师傅官。陛下恭让不恤，群臣私望，不敢越职而言。臣窃不胜犬马心，昧死愿陛下诏有司，因盛夏吉时定皇子位。唯陛下幸察。臣去病昧死再拜以闻皇帝陛下。

史书上对于霍去病封狼居胥之后的记载便是在他去世的这一年，他入朝干了一件事：请封三王。上面这段话便是霍去病在元狩六年三月，霍去病请求立三皇子为王向武帝的进言，这段话里我们再也找不到豪言壮语，有的只是毕恭毕敬，尤其是用了"昧死"这个词。

霍去病昧死恳求武帝什么呢？那就是请封刘闳、刘旦、刘胥三人为王。那么这件事能说明什么问题呢？史书上对于霍去病参与朝政的记载很少，故而此处的记载特别引人注目。霍去病请封三王，其受益人便是以卫青为代表的卫氏集团。因为刘闳、刘旦和刘胥三人不封王的话，对卫氏家族支持的太子刘据会有潜在威胁，三人封号未定则太子刘据时刻犹如芒刺在背。自从霍去病权比大将军以来，他们二人的关系也变成了历史之谜，甥舅反目似乎成为历史的必然。抑或是武帝的政治意图所在，有意扬霍抑卫，大有让霍去病成为阻挡卫青一族独大的一枚棋子，而事实也确实如此，原来卫青的门客纷纷投到霍去病的门下，武帝的算盘应该是打赢了。但是霍去病此时为卫氏一族求情，暴露出霍去病与卫青的关系依然如故。

同时也可以证明一点，那就是霍去病在入朝为官后的日子并不好过。虽然并不一定招致狡兔死走狗烹的结局，但是比起他征战的戎马生涯却是差多了。

从卫青在朝的六件历史事件和霍去病在朝的六件历史事件中，我们都可以看出他们二人不同的秉性与为人处事的方式。卫青是隐忍的典范，司马迁评价其"以和柔自媚于上，而天下未有称也"，固然有些言过其实，但也可以看出卫青韬光养晦的水平之高。而他的所作所为皆与自己出身于贫贱有关，他要小心翼翼地保护这来之不易的一切，保护自己的姐姐不失宠，保护整个卫氏家族平安富贵。他是平民布衣晋升的典范，每一步都走得艰辛而努力。霍去病则不同，他的舅舅卫青和姨母卫子夫为他打下了坚实的基础，所以他可以海阔天空地去实现自己的人生理想，所以他是青年之光勇往直前、所向披靡最好的代表。二人虽然性格迥异，但是都在殚精竭虑地维护卫氏家族的利益，都不重视以往贵族所推崇的养士之风。

卫青的政治地位，依托于他的战功和他的外戚身份。他是卫皇后的同母弟，是太子据和骠骑将军霍去病的母舅，又是平阳公主的丈夫。论到汉武帝一朝政治舞台上的地位，卫青可说是汉武帝之下的第一人。但卫青并没有利用他崇高的政治地位，做出一件违反国家利益的事情。他的行径，完全和窦婴、田蚡不同。自然，他在政治上所得的报酬，也只有"荣"而无"辱"，只有"赏"而无"罚"。总之，他拥护统一王权的主张和"明哲保身"的政策，对于公私的裨益都是很大的。

霍去病的政治作风，是完全以卫青为榜样的。他对汉代政治的干预，并不太大，他的弟弟霍光，却在他死后，支配了汉代的政治约数十年之久，这是"卫霍外戚集团"对汉代政治的一种间接影响。

霍去病的一生，只停留在青年时代。他的成就，就是青年人所共有的勇敢、热诚和聪颖的产物，所以他的一切作风，都具有极浓厚的青年色彩。首先，在战场上，他一向是惯于勇往直前，冲锋陷阵的。他最初伐匈奴的官号是嫖姚校尉，"嫖姚"两个字，就是用来象征一种劲疾勇猛的作风的。他在六次出击匈奴的战争中，都是以"嫖姚"的姿态出现在战场上。他的部下，也都是一些经过特别选拔的"嫖姚"分子，就是史书上所说的"壮士"或"敢深入力战之士"。他这种劲疾勇猛的作风，正是一种青年作风。

霍去病虽然位高功大，却毫无政治野心，和卫青一样唯汉武帝的命令和意旨是遵，对自己的军人天职，却看得极重，汉武帝替他盖好了一所房子，让他自己去看，他却说："匈奴未灭，无以家为也！"这种以身许国的精神，正是汉武帝时代的"民族精神"，也是后世青年军人所应该效法发扬的精神！

汉唐时都具有尚武之风，对于武将的歌颂之诗词也是最为浩繁的，对于霍去病的赞美之词，也是最多的。王维《少年行》赞誉其"一身能擘两雕弧，虏骑千重只似无。偏坐金鞍调白羽，纷纷射杀五单于。汉家君臣欢宴终，高议云台论战功。天子临轩赐侯印，将军佩出明光宫。"李白《塞下》也称赞其"骏马似风飙，鸣鞭出渭桥。弯弓辞汉月，插羽破天骄。阵解星芒尽，营空海雾消。功成画麟阁，独有霍嫖姚。"杜甫的《后出塞》也对霍去病这位少年英雄赞誉有加，从这些诗词中可以看出，霍去病是唐代诗人们所最敬仰的一位勇敢善战又屡建奇功的民族英雄。

英雄背后的英雄

李　广
公孙贺
其余重将
赵破奴、路博德

英雄的养成单靠个人是无法完成的，他需要有一个精良的团队，在卫青和霍去病的身后就有这样一个异常精良的团队，他们皆是卫青、霍去病的裨将。本章主要介绍和卫青关系最难解释的李氏一族，重点讲述李广难封这一历史谜题。作者认为李广难封直至今日其历史意义已经背离了当初为李广鸣不平的初衷，而是变成了怀才不遇之士对自己的自怜自爱，已经上升为知识分子不得志者之偶像，至于李广难封到底是因为自身原因还是其他原因似乎已经并不是历史所最关心的问题了。

其次我们还要浓墨重彩地讲述卫青的裨将二公孙，第一位是他的姐夫公孙贺。他是卫氏三姐妹长姐卫君孺的夫婿，也是一名赫赫有名的战将。卫氏三姐妹绝类民国之宋氏三姐妹，都是历史上的传奇女性。公孙贺与卫青不同，他出身名门，其祖父昆邪即为景帝时期的名将，他在少年作骑士时就多次立有战功。他是武帝一朝的贵族，所以他的出征代表的是贵族阶层的荣誉。而他一直作为卫青的裨将活跃在军事领域，也是真实的。最后他泣涕而接受丞相一职，人生曲折而精彩。

另一位是卫青的生死之交公孙敖，是改变卫青命运的贵人，但是他的命运却随着战争的成败而三起三落，他的人生恰恰证明了与匈奴战争的艰辛，以及卫、霍二人的军事长才确非同时期的一般军人可比拟。

在霍去病的军营里，最值得注意的便是赵破奴，他是一名匈奴通，曾经亡入匈奴，后来又逃归自己的国家。因为他对匈奴的精通以及勇武有力，使他成为霍去病麾下最得力的战将。根据《前汉书》的记载，他在霍去病第三、四次和第六次出击的时候都是从征的，他是霍去病的心腹，更可能是霍去病在深入穷追时的顾问和向导。因为根据直觉和常识，霍去病的敢于深入以及未尝困境的原因，一定是在霍去病的壮骑里面，藏有一种知晓匈奴地理和沙漠战术的人，作为汉军行军作战时的向导，不是匈奴人，便是有"匈奴通"之称的汉人，赵破奴可能就是霍去病军营中的一个"匈奴通"。

本章主要介绍英雄背后的英雄的光辉事迹。

李 广

李广，是中国历史上著名的人物，他是中国古代所有射箭能手的代表，所以，在中国的小说野史上，记载着许多"小李广""赛李广"一类的美称。同时，"冯唐易老，李广难封"的语句，又谚语似地流行在文人豪士之间，他的一生不得封侯，也成了一桩极为博得后人同情的历史公案。

李广的确是一个不寻常的人物，但不能算是一个标准军人，他一生不得封侯，更是系于人而不是系于天。司马迁的《史记》，是史家之绝唱、无韵之离骚，更是研究中国上古史和中古史初期的重要史料，但是他对李广和卫青、霍去病的评价只能代表当时编纂史书者所代表的阶层观点，并不能代表当世所有人的观点乃至后世的意见。

李广闻名于世的特点是善射。他是战国名将李信的后裔，骑马射箭是他的家学，也是他个人所独有的天赋，所以历史上称他是"广为人长，猿臂，其善射亦天性也，虽其子孙他人学者，莫能及广"。他常射虎，有一次误把卧石看成卧虎，一箭射去，竟中石没镞。他骑马的技术也很好，所以匈奴人称他作"飞将军"。他在战时，用出众的骑射技巧杀敌，无不应弦而倒。他平时以射猎为乐，骑射已经成为他生命中最重要的部分，他还喜欢养士，门下有众多的文人墨客为他鼓吹每次涉猎的精彩场景，故而才有"与人居则画地为军阵，射阔狭以饮"的描述流传后世。他是我国历史上射箭能手的代表。同时他又是名门望族，骑射在他这里已经变成一种高雅的武文化，可以诗词相和，美酒相邀。在国内敌弱我强的战役中，李广的骑射自然可以轻易取胜，但在武帝一朝汉匈兵力势均力敌的情况下，表演性的骑射是很难在真正的战场发挥作用的。

他是"六郡"良家子，在汉文帝十四年匈奴大入萧关的时候，毅然从军，这时候，他还是一个不满二十岁的青年，他志气轩昂，体力强健，骑射的技巧也不断精进，所以一到战场，便成了出柙的猛虎，射杀的首虏特别多。后来，充作文帝的郎骑常侍，屡次随从皇帝射猎，格杀猛兽，更有不少惊人的表现。汉文帝曾经替他惋惜，认为如果他生在汉高帝时代，他是肯定能封万户侯的。文景时实行黄老无为的政策，真正意义上的战役不多，到了景帝和武帝时李广终于可以在沙场上一展身手，但是他频频犯错及屡屡失败的战绩却总是让人觉得遗憾。

不仅如此，他还犯了一个官场最大的忌讳，那就是在汉景帝即位以后，他充任骑郎将，曾经以骁骑都尉的名义参加过削平七国之乱的战争，在这个过程中，他做错了一件大事，就是私受了梁王的将军印，有玷臣节，这也许是他一生不得志的重要原因。

后来，他充任过上谷等七郡的太守，元光六年之后，更参加了进攻匈奴的几次战役。他将兵四十余年，大小七十余战，是一个以防守和进攻兼备的著名骁将，在带兵、练兵和作战方面，他有一种特殊的风格，以现代的眼光来看，他是一个优秀的游击将才。

李广是以爱兵如子而著称的，他能和士兵共甘苦、同进退，治军极宽简，一般士卒，却无不乐为之用。对于士兵来说，这是他最大的优点，但是作为将军来说，治军不严，没有严格的纪律，行事散漫，尤其是当面对强敌的时候，这便是致命的打击。而这也是他跟随卫青出击匈奴的时候失道最终自杀的原因所在。

在讨伐匈奴的战场上，作为一员战将，他曾经有过几次戏剧性的战斗表演。

《史记·李将军列传》载：匈奴大入上郡，天子使中贵人从广勒习兵击匈奴。中贵人见匈奴三人，与战。三人还射，伤中贵人，杀其骑且尽。中贵人走广，广曰：是必射雕者也。广乃遂从百骑往驰三人。三人亡马步行，行数十里。广令其骑张左右翼，广身自射彼三人者，杀其二人，生得一人，果匈奴射雕者也。已缚之上马，望匈奴有数千骑，见广，以为诱骑，皆惊，上山陈。广之百骑皆大恐，欲驰还走。广曰：吾去大军数十里，今如此以百骑走，匈奴追射我立尽。今我留，匈奴必以我为大将军诱之，必不敢击我。广令诸骑曰：前！前未到匈奴陈二里所，止，令曰：皆下马解鞍！其骑曰：虏多且近，即有急，奈何？广曰："彼虏以我为走，今皆解鞍以示不走，用坚其意。"于是胡骑遂不敢击。有白马将出护其兵，李广上马与十余骑奔射杀胡白马将，而复还至其骑中，解鞍，令士皆纵马卧。是时会暮，胡兵终怪之，不敢击。夜半时，胡兵亦以为汉有伏军于旁欲夜取之，胡皆引兵而去。平旦，李广乃归其大军。大军不知广所之，故弗从。

这还是他在汉景帝时代充任上郡太守时候的事情：有一天，一个由汉景帝从宫中派到李广的军中当差的"中贵人"（即内臣中之贵幸者），率领了几十名骑兵，向塞外无目的地狂驰下去，碰到了三个匈奴人，发生战斗，匈奴人射伤了中贵人，他带去的几十名骑兵，也损失殆尽，中贵人情急，赶回来向李广报告，李广认为这人一定是射雕的。他便率领了一百骑兵追赶下去，恰好三个匈奴人丢掉了马匹，只好步行，走了几十里路，便被汉兵赶上。李广命令他的骑兵向左右两翼展开，他自己用箭射这三个匈奴人，射杀两个，活捉一个，问过之后，果然是射雕的。他把活捉的匈奴人捆起来，走到山头上，向北眺望，发现有数千名匈奴骑兵自北驰来，他们也看到了李广的少数骑兵，却以为是汉将派来诱敌的骑兵，十分惊慌，马上登山列阵，以备汉兵的攻击。这时候李广所率领的一百骑兵，看到匈奴人多，都吓得要死，主张赶快骑马跑回塞内，李广说："现在我们离开大部队有几十里路，如果一跑，匈奴人追着围射我们，我们马上会被围堵，现在我们暂且不要走。匈奴人一定以为我们是由大军派来诱敌的，他们绝不敢轻举妄动。"

说完他便下令全军前进，等到离匈奴的阵营只有二里路时他又下令，叫大家都下马解鞍，左右骑兵感觉到这简直是开玩笑，便向他说："这么多的匈奴人，我们解了马鞍，万一匈奴人攻下山来怎么办呢？"

李广说："匈奴人原来判断我们一定会跑，现在解了马鞍，表示我们不会跑，也只有这样做他们才会相信我们是诱敌的先前军。"

正说着，有一个匈奴骑白马的将军出来护军，李广骑上马，带领了十几名骑兵，直冲上去，把他射死，又回转原地，解了马鞍，并且把马散开，让马匹自由去吃草，他们却横卧在草地上休息。不久，夜幕垂下来了，匈奴人猜不透这些汉兵的来路，始终不敢向他们攻击，到深夜，他们反而以为汉军是有伏兵藏在附近，要来袭击他们，立即撤退了。

天色已经破晓，对面山头上已无匈奴兵，李广才懒洋洋地率领着他的一百骑兵回归大营。

元光六年，他奉命为车骑将军，出雁门，参加了所谓四将军的联合出击。他遭遇到了匈奴兵的大部队，战败被擒。因他的声名，早已传到了匈奴单于的耳中，单于曾经命令他的部下，如果捉到李广，绝对要保全他的性命。这时候，李广不但被擒，还受了伤，即便如此李广还是奇迹般地逃脱了。他趁着对方不注意，一跃而上了一个青年匈奴人的马背，把对方推下马去，还夺取了对方的弓箭，策马南驰数十里，最后和他的残余部队会合在一起。但当他率领的部队要入塞的时候，匈奴的数百名"捕者骑"追赶而来，他急用夺来的弓箭，射杀了他们。回国之后，他因犯了"失亡多，为虏所生得"两项罪名，应当被斩首，最后用赎金得以免死，赎为庶人。

这些确实都是极精彩的表演，满足了我们对一个武林高手的想象和憧憬。但是战场上不需要孤胆英雄，李广的这些表演仅仅只是战斗上的成功，在战术方面，李广是失败的，所以，这一次的出击，尽管在夺马的表演上，他给予读者极英勇的印象，但在论及战争成果的时候，他是犯了罪的。

李广在元朔六年，参加卫青的六次出击，为后将军，又无功。到元狩四年，他以前将军的身份参加了卫青的第七次出击，卫青突然发现了单于之所在，便把李广所部改并于右将军赵食其，令他们同出东道，由他自己去直当单于正面。对于卫青这种措置，李广当然不满，曾力争愿当单于正面，卫青不允，他愤然而去，后来竟因失道获罪而自杀。

关于卫青临时改令李广出东道的原因，司马迁在《史记》里面一方面说是卫青有意提拔公孙敖，所以才自己率领公孙敖去挡单于正面，一方面又说汉武帝曾经秘密告诫过卫青，说"以为李广老，数奇，毋令当单于，恐不得所欲"，这些说辞是需要辩证地看待的。因为李广究其本质是一员战将，并不是大将之才，勇猛有余，沉着不足，同时李广也不适合长途奔袭的骑兵战。让其斩将夺旗，冲锋陷阵，则可愉快胜任，派他去独当一面，担任某种重要的任务，往往是失败的。同时李广年事已高，体力和精力都已经跟不上千里奔袭的要求了，所以卫青让他与右将军赵食其面对匈奴的余部，也是对李广的一种体恤。而且战场冲锋，两军势均力敌，面对强大的匈奴，卫青并没有必胜的把握，所以他选择公孙敖联合出击是为自己选择一个同仇敌忾的战友与帮手。而事实证明李广确实不是一个合格的帮手，大军未战就因失道而损兵折将，而卫青、霍去病等征战多次，所征伐的路途也异常遥远，而且都是初次出击，并没有产生迷途失道的情况。由此可见，李广最大问题是先前的准备不足，这样的将领自然是难当大任的。卫青因为深知李广的缺陷，所以不敢让他去挡单于，更多是出于军事需要的考量，而对于私人感情考虑较少，否则卫青也不可能成为中国历史上首屈一指的元帅。而且以他朴实不善于经营政治的性格，在面对强敌的时候也不会有这么高的情商去处理私人恩怨，否则他也不会仅仅当红一朝就使自己的卫氏家族没落了。

　　李广生命的结束，是悲凉的，在他失道获罪之后，不肯受审，遂引刀自刎，这样一个身经百战老将的死，引起了民众痛悼。同时，他虽然是一个军人，却喜欢接近士大夫，社会上的声誉极高，他的骑射技术又那样的超群，却一生未得封侯，因而在当时就有李广"数奇"之说，他自己也怀疑这与他的"骨相"有关，更有人归咎于是他曾经杀掉降羌八百人。总之，大家一致认为他的不得封侯是由于"天意"。其实，李广每次临阵，都是轻勇浮躁，易于丧师损众，虽多所斩获，也不过功罪相抵，又复在讨平七国之乱时，私受藩王封印，犯了为人臣的大忌，又曾杀降羌八百人，擅杀霸陵尉，其德行凉薄，这是作为一名大将的大忌，所以不能把不封侯的责任都推卸到天意上。

　　总结李广的一生，他只是"成名"，而未能"成功"，只是一员"战将"，而不配做"大将"。他的一生不得封侯，是个性使然，而非"数奇"

之故。

　　当然，在当时世人的眼中，李广是贵族精英，他有着精彩的个人战术，门生故吏众多，在公共场合可以给大众奉献一场精彩绝伦的武术表演，而卫青初出茅庐，他没有自己的粉丝团与观众，只是在战场上默默经营自己的事业，虽然战功显赫，可是朝野的名流不认识这个从奴仆群里出来的英雄，他不善言辞又不懂笼络人心，众人对他也是敬而远之的。群臣对于汉武帝挑选出来的这个布衣将军并不是心悦诚服的。即便霍去病，也仅仅只是布衣二代而已，虽然身上有了些贵族的豪气，但是在氏族的眼中，终归还只是豪气，而不具备贵气。再加上霍去病也少言寡语，学卫青一般不养士，他的事业也主要在战场，文官并不熟悉，更遗憾的是英年早逝，所以他也没有为自己的家族留下更多的名声。反倒是他的弟弟霍光，成为被蒙荫的第三代，最终成为历史上举足轻重的人物。这也印证了历史上从平民到贵族的进阶之路，往往需要三代人的共同努力，单靠一代人的打拼，只能叫作暴富，是不会受到当时主流精英的重视。而且第一代人奋力打拼，在历史的眼中也只是资质平平，一心想出人头地的人罢了，而到了第二代第三代，即便只是拥有能够继承父辈事业的能力，也足以光耀门楣，青史留名。

　　这也就是为什么在司马迁的《史记》中，褒扬李广，而对卫青和霍去病无感的原因所在。当然这并不是司马迁的个人因素导致的，他只是把当时整个精英阶层对这段历史的看法以文字的形式表达了出来，桃李满天下的李广是他们眼中英雄的代表，也是文人阶层对文景朝时无为而治的追思，自古文人均不喜欢征伐扩张，所以失败的李广是他们的心头好，而战神卫青、霍去病则是他们不愿相与的。同时，当时的历史都是王侯将相的历史，至于平民阶层的所感所思，我们都不得而知。

公孙贺

以公孙贺为首的出生在边地的军事名将，在汉武帝和卫、霍的领导下，建立了不少的奇功，也得到优厚的封赏，史称卫青的裨将及校尉封侯者九人，为将军者十五人，霍去病的校吏封侯者六人，为将军者二人。其中更不乏因失职而获罪的不幸分子。这充分可以说明汉武帝"严明赏罚"的用人政策，通过卫青、霍去病两位将军贯彻到全军了。

在这批军事名将之中，哪几个人是卫青、霍去病最得力的助手呢？论私人关系，公孙贺是卫青的姊夫（卫君孺之夫），他在卫青出击匈奴的过程中有卓绝的贡献。首先我们来介绍一下公孙贺，在《史记列传》卷五十一中与卫将军骠骑将军同为传。原文载：

> 贺，义渠人，其先胡种。贺父浑邪，景帝时为平曲侯，坐法失侯。贺，武帝为太子时舍人。武帝立八岁，以太仆为轻车将军，军马邑。后四岁，以轻车将军出云中。后五岁，以骑将军从大将军有功，封为南窌侯。后一岁，以左将军再从大将军出定襄，无功。后四岁，以坐酎金失侯。后八岁，以浮沮将军出五原二千余里，无功。后八岁，以太仆为丞相，封葛绎侯。贺七为将军，出击匈奴无大功，而再侯，为丞相。坐子敬声与阳石公主奸，为巫蛊，族灭，无后。

再结合其他史料，我们对公孙贺做一个简单的介绍。公孙贺是义渠人，他的祖先是胡人。他的祖父浑邪，是汉景帝时的名将，著有民书十余篇，被封为平曲侯，后因犯法被夺去了侯爵。公孙贺因为是将门之后，他在少年时期，已经是"从军数有功"。在汉武帝还是太子的时候，他充做太子舍人，在武帝当政八年的时候，以太仆为轻车将军，在马邑屯军。又过了四年，以轻车将军的身份出兵云中。又过了五年，以骑将军的身份跟随大将军出征，有战功，被封为南窌侯。可见公孙贺虽出身名门，但是他的封侯还是仰仗着跟随卫青征战匈奴的战功而来。所以，虽然他的出身好过卫青，又早于卫青接触汉武帝，但因为卫青出类拔萃的军事才干，也只能作为卫青的裨将，辅佐卫青左右。后来公孙贺还娶了卫子夫的长姐君孺，成为以卫氏为中心的外戚集团中的重要人物，他与卫青的关系也自然更亲近一些。

他是汉武帝最先接近的一个武将，也是汉武帝讨伐匈奴军事计划的忠实执行者和拥护者，我们现在很有理由相信，汉武帝在作太子的时期就决定了进攻匈奴的军事计划，是受了他的舍人公孙贺的影响。但他在汉武帝讨伐匈奴的战争中，所担任的并不是最重要的职务，仅仅是作了卫青的助手，自然，他对卫青是极端忠实的，因为他们两人之间的私人关系是如此之密切，卫青的军事长才，又早在元光六年四将军出击的时候显露于世，使这位军界老前辈兼姐夫的公孙将军拜服了。

公孙贺一生共七次以将军的身份出击匈奴，基本上都是作为卫青的裨将来出兵的，在元朔五年春，卫青第四次出击，公孙贺为骑将军；元朔六年春，第五、六次出击，公孙贺为左将军；元狩四年，第七次出击，公孙贺依然为左将军。他自己独立领兵出击匈奴四次，除了在元朔五年以骑将军的身份跟随卫青出击有功，一战封侯外，其余几次均无功而返。

与卫青、霍去病几乎纯粹的军事官员身份相比，公孙贺是一位文武兼备的优秀官员，虽然在军事方面建树不多，但是在文官方面却官至丞相一职。在他跟随卫青七击匈奴返回之后，因为酎金成色不足承担连带责任，被削去了侯爵，公孙贺的人生降低到冰点。不过汉代官员在仕途上总是大起大落，四年之后，武帝又拜他为浮沮将军出五原，虽然依然无功而返，但可见武帝重用之心。

可能武帝发现，比起战场公孙贺的才能更适合朝堂，所以就在公孙贺从五原返回来的当年就以太仆的身份进阶为丞相，并加封葛绎侯。虽然史书上记载公孙贺在任丞相的时候泣涕淋漓，几番推辞，武帝就是不允许，最后才无奈出仕。但是自此公孙贺便位极人臣了，由武将而担任丞相一职，在历史上少有，也算是一段史学佳话吧。

可惜公孙贺在担任丞相之后，也和他担任将军一般没有太大建树，当然这不仅仅是他个人才学有限的问题，在英武绝伦又独断专行的汉武帝一朝有建树的丞相实在是少之又少。遗憾的是公孙贺也没有在丞相的宝座上善始善终，他的儿子敬声与阳石公主通奸，行了巫蛊之事，全族都被灭，没有后人流传下来。

公孙敖

作为卫青的心腹出现在讨伐匈奴的汉兵阵营中的，除了公孙贺，还有公孙敖。他的资历，比卫青老，年龄也大得多，他曾经救卫青于危难之时，和卫青是生死之交。在《史记列传》与卫将军骠骑将军同为传。原文载：

> 将军公孙敖，义渠人。以郎事武帝。武帝立十二岁，为骑将军，出代，亡卒七千人，当斩，赎为庶人。后五岁，以校尉从大将军有功，封为合骑侯。后一岁，以中将军从大将军，再出定襄，无功。后二岁，以将军出北地，后骠骑期，当斩，赎为庶人。后二岁，以校尉从大将军，无功。后十四岁，以因杅将军筑受降城七岁，复以因杅将军再出击匈奴，至余吾，亡士卒多，下

吏，当斩，诈死，亡居民间五六岁。后发觉，复系。坐妻为巫蛊，族。凡四为将军，出击匈奴，一侯。

将军公孙敖，也是义渠人，他也比卫青先接触汉武帝，在青年时期当过武帝的郎官。当卫青被大长公主囚禁起来，想把他杀掉的时候，就是公孙敖率领了一批壮士冒死把他救出来的，从此他和卫青成为生死之交。在汉武帝元光六年四将军出击的时候，公孙敖是和卫青、公孙贺并肩作战的，结果亡卒七千人，按当时的律令是应该斩首的，最后缴了赎金贬为庶人。从此，他和公孙贺一样变成了卫青的助手。他在卫青的第二、三、四次出击的时候，都充作"护军都尉"，第四次出击获胜，封为合骑侯，到第五次出击，便成为裨将之中和大将军最接近的中将军。

但是比起好友卫青，公孙敖的征战生涯却是起起落落，时常处于被杀头的边缘。好不容易跟随卫青在元朔五年封为合骑侯。仅仅三年之后，在元狩二年夏，以将军的身份自北地郡出塞，延误了和骠骑将军会师的军期，按照汉朝的律例应该被斩首，但是他通过赎金的方式被贬为平民。在武帝元封六年，以因杅将军的身份修筑受降城。又过了七年，在天汉四年，继续以因杅将军的身份再次出击匈奴，至余吾（今蒙古人民共和国土拉河），因伤亡士卒过多，被交付官吏处置，罪应斩首。征战一生的他又迎来了第三次罪应斩首的命运，可能这次他再也找不出足够的赎金，便伪装死去，在民间逃亡五六年。

逃亡总有被发觉的时候，过了五六年太平的日子之后，公孙敖再次被囚禁。本以为灾难到此结束，但是在太始元年春正月，他的妻子因为江充的巫蛊案获罪，最终被灭族。《资治通鉴》卷二十二："太始元年春正月，公孙敖坐妻为巫蛊要斩。"而此时卫青、霍去病早已不在人世，如果卫青还在世的话，公孙敖的下场或许不至于如此般凄惨。

总结公孙敖的一生，共四次为将军出击匈奴，一次封侯，三次被判处死刑，最终族诛，可谓曲折坎坷！

其余重将

卫、霍除了最初的一两次出击是负有战斗和战术的任务外，其余的几次出击，他们都是战略性的指挥官，也就是大军统帅，每次的深入，是依靠了一般军事将官的冒险拼搏，每次的斩获，更是假诸一般军事将官之手。汉武帝讨伐匈奴的军队系统，最下层自然是士兵，再上面便是校尉、裨将、大将军和骠骑将军，最上层是最高统帅汉武帝。在这个系统之间，有一脉的战斗精神和奋勇赴功的动力贯穿着，有一种公正无私的"将官政策"联系着，才凝聚成上下一心的军心，才产生了震古烁今的战果。本文重点介绍这批在汉武帝时代讨伐匈奴的战争中，负实际指挥或战斗责任的裨将和校尉们的出身、功绩以及他们的生平。

卫青第一次出击，是参加四将军的联合出击的，霍去病初为卫青的校尉，两次从大将军卫青出击匈奴，元狩二年，拜骠骑将军，开始担任河西方面的统帅。因此，在卫青的第一次出击，霍去病的第一、二次出击的时候，无裨将校尉之名可稽。兹将卫、霍两人在历次出击中所统率有名可稽的裨将与校尉表列如下：

（一）卫青的裨将与校尉

第一次出击：无校尉。

第二次出击：元朔元年秋，护军都尉公孙敖，校尉李朔、赵不虞、公孙戎奴。

第三次出击：元朔二年，护军都尉公孙敖，校尉李朔、赵不虞、公孙戎奴、苏建、张次公、上谷太中郝贤。

第四次出击：元朔五年春，苏建为游击将军、李沮为强弩将军、公孙贺为骑将军、李蔡为轻车将军，李息、张次公为后将军。校尉同第三次出击，外有都尉韩说、校尉豆如意、中郎将绾。

第五次出击：元朔六年春，公孙敖为中将军、公孙贺为左将军、赵信为前将军、苏建为右将军、李广为后将军、李沮为强弩将军。霍去病为嫖姚校尉、校尉为张骞。

第六次出击：元朔六年夏，与第五次相比，增加了一个骑士孟已。

第七次出击：元狩四年夏，李广为前将军、公孙贺为左将军、赵食其为右将军、曹襄为后将军。另有西河太守常惠、云中太守遂成。

除此之外，以校尉从大将军出击匈奴者还有郭昌、荀彘二人。

大将军卫青，其校尉裨将从大将军侯者九人，其裨将及校尉为将者十四人。他的裨将李广有自己的列传。没有单独列传的都和卫青、霍去病作为合传在一起，因为篇幅有限，上面只是重点介绍了李广、公孙贺和公孙敖。其余人我们只能将《史记》的原文摘录于下：

> 将军李沮，云中人。事景帝。武帝立十七岁，以左内史为强弩将军。后一岁，复为强弩将军。
>
> 将军李蔡，成纪人也。事孝文帝、景帝、武帝。以轻车将军从大将军有功，封为乐安侯。已为丞相，坐法死。
>
> 将军张次公，河东人。以校尉从卫将军青有功，封为岸头侯。其后太后崩，为将军，军北军。后一岁，为将军，从大将军，再为将军，坐法失侯。次公父隆，轻车武射也。以善射，景帝幸近之也。
>
> 将军苏建，杜陵人。以校尉从卫将军青，有功，为平陵侯，以将军筑朔方。后四岁，为游击将军，从大将军出朔方。后一岁，以右将军再从大将军出定襄，亡翕侯，失军，当斩，赎为庶人。其后为代郡太守，卒，冢在大犹乡。

将军赵信，以匈奴相国降，为翕侯。武帝立十七岁，为前将军，与单于战，败，降匈奴。

　　将军张骞，以使通大夏，还，为校尉。从大将军有功，封为博望侯。三岁，为将军，出右北平，失期，当斩，赎为庶人。其后使通乌孙，为大行而卒，冢在汉中。

　　将军赵食其，祋祤人也。武帝立二十二岁，以主爵为右将军，从大将军出定襄，迷失道，当斩，赎为庶人。

　　将军曹襄，以平阳侯为后将军，从大将军出定襄。襄，曹参孙也。

　　将军韩说，弓高侯庶孙也。以校尉从大将军有功，为龙额侯，坐酎金失侯。元鼎六年，以待诏为横海将军，击东越有功，为按道侯。以太初三年为游击将军，屯于五原外列城。为光禄勋，掘蛊太子宫，卫太子杀之。

　　将军郭昌，云中人也。以校尉从大将军。元封四年，以太中大夫为拔胡将军，屯朔方。还击昆明，毋功，夺印。

　　将军荀彘，太原广武人。以御见，侍中，为校尉，数从大将军。以元封三年为左将军击朝鲜，无功。以捕楼船将军坐法死。

赵破奴、路博德

　　骠骑将军霍去病，共六次出击匈奴，斩捕首虏十一万余级。同时浑邪王一众受降数万，又开辟了黄河以西酒泉一带，使西部边境减少了匈奴的侵略。四次获得封邑，总共一万五千一百户。他的校吏有功并且封侯者共六人，后来成为将军的有二人。

　　我们来盘点一下霍去病的校吏出发地点与出击次数：

　　第一、二次无校尉。

第三次元狩二年春，有鹰击将军赵破奴。

第四次元狩二年夏，有鹰击将军赵破奴，校尉高不识、仆多等。

第五次元狩二年秋，无校吏。

第六次元狩四年春，李敢等为大校、右北平太守路博德、北地都尉卫山、因淳王复陆支、楼制王伊即轩、从骠侯破奴、昌武侯安稽、渔阳太守解、校尉自为皆因从征有功，获封赏。

在霍去病的阵营里面，最值得注意的是赵破奴，他也在《史记列传》卷五十一中与卫将军骠骑将军同为传。原文载：

> 将军赵破奴，故九原人。尝亡入匈奴，已而归汉，为骠骑将军司马。出北地时有功，封为从骠侯。坐酎金失侯。后一岁，为匈河将军，攻胡至匈河水，无功。后二岁，击虏楼兰王，复封为浞野侯。后六岁，为浚稽将军，将二万骑击匈奴左贤王，左贤王与战，兵八万骑围破奴，生为虏所得，遂没其军。居匈奴中十岁，复与其太子安国亡入汉。后坐巫蛊，族。

赵破奴的名字，象征出他的志向和气概，他是太原人，曾经亡入匈奴，后来又逃归自己的祖国，他在匈奴流浪的期间，已经变成一个匈奴通。后来成为骠骑将军霍去病的司马。

根据《前汉书》的记载，他在霍去病第三、四次和第六次出击的时候，都是从征的，他是霍去病的心腹，更可能是霍去病在深入穷追时的顾问和向导，因为，根据直觉和常识，我们总觉得霍去病的敢于深入，以及如历史所载"常与壮骑先其大军，军亦有大幸，未尝困绝"的原因，一定是在霍去病的"壮骑"里面，藏有一些深明匈奴地理和沙漠战术的人，作为汉军行军作战时的顾问或向导，这些人，不是匈奴人，便是有"匈奴通"之称的汉人，赵破奴可能就是霍去病"先其大军"时所领"壮骑"中的一个"匈奴通"!

他跟随霍去病出击匈奴有功,封为从骠侯。又过了一年,因为酎金不足承担连带责任失侯。后来独自担任匈河将军,攻胡至匈河水,无功而返。又过了两年击退了楼兰王,被封为浞野侯。

这位名叫"破奴"的"匈奴通",倒是一个极忠实的民族主义者。他在太初二年,率领二万骑击匈奴,匈奴以八万骑围之,因他在夜间出来找水,被匈奴生擒,后在匈奴留居十年,不忘祖国,复与其子赵安国逃归汉朝。这种行为,可以和苏武的留胡不辱媲美争光,可惜此时霍去病已经英年早逝,看到赵破奴如此英勇大义,他应该是欣喜自己没有看错人。

但是就是如此英勇忠诚的战将都没有一个善终,他最后也因为巫蛊之祸,承担连带责任,被族诛。

将军路博德是平州人。以右北平太守的身份跟随骠骑将军出击匈奴,获得战功,被封为符离侯。骠骑将军死后,路博德以卫尉的身份被授予伏波将军的称号,进攻南越,取得胜利,增加了封邑。后来因为渎职罪失去了侯爵之位。最后担任强弩都尉,屯兵于居延,一直终老。

英雄背后的谋臣

经济专家桑弘羊
外交专家张骞

　　汉代的文臣武将有一个特别突出的特点,就是他们的职务并没有特别明确的分工,好多武官因战功而位至文官之首,诸如战将公孙贺以军功而拜相;也有诸多文官随军出征,诸如张骞于元朔六年随卫青出征,第二年又和李广一起率兵攻打匈奴,伤亡惨重,最后被贬为庶人便是最好的例子。因为汉代尚武之风盛行,故举凡贤良者不仅熟读儒家经典著作,同时武功建树也有非凡造诣,正可谓文可以正邦,武可以伐敌。在这样的政治环境之下,卫青、霍去病被封为出征匈奴的大将,其武功谋略必定是众人中的佼佼者。

　　汉武帝实行不拘一格降人才的策略,所以他在位时经常向天下征集贤良之士,故而谋臣颇多,但是因为武帝时刑法较为严苛,所以朝臣们为官的时间也较短,光耀门楣者甚多,能衣锦还乡者甚少。武帝一朝的谋臣要有过人之处,才会受到武帝的重用,同时还需要有揣度圣意的智慧,这样为官的日子才会平坦一些，少受武帝的训斥，同时还需要有良好的同僚关系，这样才能保证不被检举而官运长久，至少可以免去杀身之祸，武帝一朝文武百官伴君如伴虎的感觉达到了极致，丞相被处死甚至族诛者也十之八九。但是因为为官可以改变命运，让贫穷之人可以免于从事沉重的劳作及赋税，所以有才之士依然趋之若鹜，例如公孙弘直到八十岁才立于朝堂之上。

与汉代攻伐匈奴有直接关系的谋臣有主管经济的桑弘羊，还有主管外交的张骞。其中，桑弘羊实行了盐铁官输政策，使武帝一朝仓廪实，从而解决了出征匈奴的粮草和马匹问题，他是保障后勤的功臣。张骞作为大汉的外交官，两次出使西域，开辟了丝绸之路，为出征肃清了匈奴的盟友，同时成为军事部署的活地图。本章将重点介绍这两位谋臣，主要介绍他们和汉匈之战有关的历史事件。

经济专家桑弘羊集团

在武帝一朝除了大败匈奴，维护了国家的统一和长治久安之外，在经济方面也相辅相成地有各种前无古人后无来者的壮举，正如前面所说，一场成功的战争，必定是综合国力的比拼，无论是在古代还是现代都是一致的。所以卫青、霍去病的累累战功也离不开武帝一朝经济上的保驾护航，而汉武帝一朝的经济专家们也制定了历史上前无古人后无来者的增加国库收入的财政政策。当然能达到这样的壮举都是以桑弘羊为首的经济专家的贡献，为什么叫作桑弘羊集团呢？因为这些财政政策的实施是经历了好几代大农令之手。大农令是秦汉时全国财政经济的主管官，后逐渐演变为专掌国家仓廪或劝课农桑之官，本名治粟内史，汉景帝后元元年，更名为大农令，武帝太初元年，改为大司农。西汉景帝后元元年改治粟内史为大农令，下设两丞，称大农丞。佐令掌钱谷财货等财政收入和支出，秩千石。武帝时，东郭咸阳和孔仅等皆任此职，掌盐铁。

桑弘羊正式登上历史舞台是在卫青率领六将军第二次出击匈奴的时期。其时的经济形势是"大将军将六将军仍再出击胡，得首虏万九千级，捕斩首虏之士受赐黄金二十余万斤，虏数万人皆得厚赏，衣食仰给县官；而汉军之士马死者十余万，兵甲之财转漕之费不与焉。"

汉朝的府库在连年累月的征战之下，已经拿不出多余的钱财奖励获胜的将军，这一次战役就需要黄金二十余万两，还有马匹死伤十万的损失，后勤给养的费用明显不足。其时国家增加财政收入的政策是"议令民得买爵及赎禁锢免减罪"及"造五铢钱"，但是这两项政令不足以维持如此之大的国库开销，同时"而吏民之盗铸白金者不可胜数"，可见这两项财政政策还存在着诸多弊端。在如此紧要的关头，桑弘羊初次登上了历史舞台。

《史记·平准书》载："于是以东郭咸阳孔仅为大农丞，领盐铁事，桑弘羊以计算用事侍中。咸阳，齐之大煮盐，孔仅，南阳大冶，皆致生累千金，故郑当时进言之。弘羊，雒阳贾人子，以心计，年十三侍中。故三人言利事析秋豪矣。"

桑弘羊的出生时间大致在公元前155年，他是河南洛阳人，出身商人家庭，十三岁时以精于心算入侍宫中，职位为侍中，就是侍从皇帝左右，出入宫廷，与闻朝政，是皇帝的亲信。可见桑弘羊在少年时期就凭借自己的才华成为了武帝身边的红人。他和东郭咸阳、孔仅两位大农丞共同开启了武帝一朝经济政策改革的盛举，此时大农令的职位是空缺的，所以年仅十三岁的少年便与这两位富商成为三足鼎立之势，开始推行盐铁官营制度。自元狩三年起，在汉武帝大力支持下，先后推行算缗、告缗、盐铁官营、均输、平准、币制改革、酒榷等经济政策，同时组织六十万人屯田戍边，防御匈奴。这些措施都在不同程度上取得了成功，大幅增加了政府的财政收入，为武帝继续推行文治武功事业奠定了雄厚的物质基础，到元封元年的时候，桑弘羊升任治粟都尉，领大农丞，主管天下盐铁。他的主要功绩是解决了卫、霍出征匈奴导致的西汉国库空虚的难题。下面我们来逐一介绍桑弘羊集团在武帝一朝的财政政策新举措。

一、实施盐铁官营制度

盐铁产业在当时的中国是最为重要的产业。从战国时期到汉代，只要提起富豪，不是盐铁生产者就是盐铁贩卖者。盐是人们生活中不可或缺的食材，但在中国，盐产地却仅限于沿海地带（海水制盐）、山西运城的解池（盐水湖制盐）、四川的盐井（地下盐水制盐）等地。因此，这为制盐和贩盐业者提供了垄断巨额利润的条件。上文曾提及，在汉初，吴王刘濞就是通过生产海盐而增强了国力。战国以后，铁制工具普及，铁成为农民生活中必不可少的物品。冶铁和贩铁业者因此获得了巨额利润。

武帝之前，中央朝廷仅对制盐、冶铁业者课税，征收的税金纳入少府。但由于少府是职掌皇室财政的机构，因此，来自制盐、冶铁业者的税金并没有成为维持国家财政运转的资金来源。于是，改革便首先从这里开始了。具体而言，就是把税金从少府转移到大司农，大约是从元狩三年，也就是齐的制盐业巨商东郭咸阳，冶铁业巨商孔仅被朝廷任命为大农丞，担任盐铁管理官的时期开始的。元狩四年在他们的建议下，盐铁官营制度开始运行。桑弘羊参加时政改革，也发生在这一时期。

东郭咸阳与孔仅到地方巡查后，设置了职掌盐铁官营制度实施的机构，并录用了在实施政策的过程中负责处理事务的专职官员。据说，当时被选用的官员多为原制盐业者或原冶铁业者。

盐与铁的官营制度，在实施方法上各不相同。具体而言，关于铁的官营制度的实施方法为：中央朝廷在各地的铁矿生产地分别设置名为"铁官"的机构，共五十余所，隶属于大司农，铁器的铸造与出售都在那里进行。铸铁所需的劳动力，源于服徭役的民众、服徒刑的犯人以及专业的制铁工匠，有的也来自官府的奴隶。在不产铁的地方，则设置名为"小铁匠"的机构，负责废铁的回收与重铸。不过，小铁官不直属于大农令，由地方郡县管辖。各个铁官主要铸造全国农民使用的铁器农具。因此，铁的官营制度一经实施，农民除了铁官制造的农具就无其他农具可买。通过铁的官营制度，中央朝廷将铁制品的生产与出售一手包办，源源不断地转化为国家财政来源。

关于盐的官营制度的实施方法为：在原有产地分别设置名为"盐官"的机构，共三十六处，生产还是由原来的民间制盐者承担，政府只是为他们提供煮盐的工具。但是，产出的盐全部被盐官收购，再转卖给民间，盐的私营被法令所禁止。换言之，盐的官营制度与铁不同，政府只是将产出的盐制品买断，再贩卖出去而已。但在贩卖所得收益被纳入国库这一点上，盐铁官营制度的性质是一致的。

盐铁的收益从皇室财政机构转由中央财政机构管理，并且盐铁出售也变成由中央运营。这些都发生在元狩三年到元狩四年之间，正是卫青和霍去病率军与匈奴军激战的年代。这说明，政府首先将盐铁作为改革的主题，其目的是缓解因发动对匈奴战争而导致的财政匮乏，盐铁官营制度成为新财政策的起点。

二、实施均输法与平准法

自盐铁官营制度之后，中央朝廷又实施了名为均输法、平准法的财政政策。这两项政策的目的在于，通过由政府控制商品运输、商品价格来抑制商人的利润、增加国家收入。均输法始于元鼎二年，其推行者就是这一年出任大农丞（大司农的副官）的桑弘羊。

均输法的具体内容不详，但综合考虑《史记·平准书》《盐铁论·本议篇》《九章算术》等相关记事和后世的注释可推测出其大致内容。原先朝廷国家所需的地方物产都先由商人收购，然后再由朝廷国家使用部分郡国租税进行购买。但是，将物产运输到国库内库的过程环节繁杂，并且物品本身质量也不能令人满意。于是，朝廷国家在地方设置运输官，让运输官负责购入并把物品运送到国库，那么朝廷国家官员赴地方购买和运输物资的行为，就是一种国家商业行为。其目的在于通过实施均输法来防止商人从中间环节获利，压制商人并充实国家财政收入。

继均输法之后推出的是平准法。它是在均输法推出五年后的元封元年开始实施的。这一年，桑弘羊出任治粟都尉，主管国家财政。但是，均输法实施后，由于朝廷的各机构分别向地方派遣官吏去购买所需物资，各机构相互竞购的现象造成了物价暴涨，因而，即便实施均输法，也无法抵消由高价购买造成的额外支出。于是，桑弘羊在各郡国增设均输官，在地方上物价下落时，大量收购物资，用以抬高物价。同时，在都城长安设置平准官，将从地方购来的物资都储存于此，物价上涨时，便把储存的物资卖出，进而降低物价。

以上就是所谓平准法的实施内容。其目的不仅在于调整物价，同时也在于通过国家购买出售物资来提高国家财政收益。因此，平准法与均输法的结合，沉重打击了大商人的利益。

三、增设算缗钱

与盐铁官营制度、均输法、平准法同时展开的是增税计划。不过在阐述增税计划之前，让我们先回顾一下汉代的租税制度。那时，对一般民众征收的税目有田租、算赋（口算）、口赋（口钱）、訾算等，男子同时还要服徭役、兵役。

首先，田租是针对土地收成，向土地所有者征收的赋税。高祖时期，田租为土地收成的十五分之一，文帝十二年被减少到原来的一半，而从第二年起的十一年间则被全部免除。田租的复征发生在景帝即位元年，税率为农民土地收成的三十分之一，这成为贯穿之后汉代历史的典范。但是，在实行的过程中，定率课税实际上转变为对每块土地征收一定数额田租的定额课税。

其次，算赋是针对从十五岁到五十六岁之间的所有男女，每年征收一算（一百二十钱）的人头税。口赋则是针对三岁以上十四岁以下幼年男女，每年征收二十钱的赋税。但口赋不纳入朝廷财政来源，而是皇室的财政收入。最后，算赋为财产税，朝廷根据个人的申报，决定财产估价额，是武帝时期新财政收入的算缗钱。缗指用来穿钱的绳子，因而可以说算缗钱就是指对人们积蓄的货币所征收的赋税。此外，当时的改革还包括增加对舟、车、家畜等的课税，一般人的轺车课税一算，商人的轺车课税两算，长五丈以上的船也课税一算。

四、实施告缗令

实施增税制度时，政府还采取了对虚报财产者的处罚制度和对举报隐瞒财产现象者的奖励制度。凡隐瞒财产不申报以及只申报一部分财产的人，作为处罚，将被送往边疆戍守一年，并没收全部财产。而奖励举报的制度是指，凡发现并举报上述违法现象的人，作为奖励，可获得其告发财产的一半金额，这一法令被称为告缗令。

告缗令实施后，全国中产阶级及以上的人都成为被举报的对象，国家根据举报没收的财产金额以亿为单位、奴婢以千万为单位计算，收公的耕地面积在大县达到数百顷，在小县也达到百余顷。据说，中产阶级及以上的商人几乎都因此破产。没收后的奴婢被发配到诸官府，成为官家的奴婢，耕地被分配到大司农、少府管理，充为公田。

如上所述，增税制度的内容主要针对的是商人阶层以及手工业者。从中可以发现，它具有与盐铁专卖制度、均输法、平准法的共通之处，即都是压制工商业者的政策。

这种政策立足于中国古代的本末思想，即以农业为本、工商业为末的重农抑商思想，同时它也体现出政府力图通过分割商人利润的方法，而不是向一般农民增税的方法，来重振国家财政状况的方针。

不过，当时也存在朝廷向一般民众增税的情况。原为皇室财政来源的对每个幼童所征收的口赋，在这一时期被增加了三钱，而这三钱的新增税金也被纳入了国库。

五、制定五铢钱

以上新财政政策的实施之所以能够奏效，其前提条件在于货币制度的确立。因为盐铁官营制度、均输法、平准法以及算缗钱和告缗令等，全部是以货币流通作为前提制定实施的。假若货币制度不稳定，对于改革成效的期许则将只会是海市蜃楼。但是，尽管道理如此，武帝之前，汉朝的货币制度实际上都处于一种混乱的状态之中。秦始皇时期半两钱的制定使得货币制度首次获得了统一。半两钱的形态也被汉代所承袭。但是，高祖时期允许民间铸造货币，因此，导致每个半两钱的重量逐渐变小，甚至缩小到榆钱般的大小。

初始之时，这些政策是要达到国富而兵强的目的。这些措施都在不同程度上取得了成功，大幅度增加了政府的财政收入，为武帝继续推行文治武功事业奠定了雄厚的物质基础，但是最终沉重的赋税却也导致了国富而民疲。太史公司马迁对这一段历史评价为：

> 於是外攘夷狄，内兴功业，海内之士力耕不足粮饷，女子纺绩不足衣服。古者尝竭天下之资财以奉其上，犹自以为不足也。无异故云，事势之流，相激使然，曷足怪焉？

意思是说由于汉武帝一朝对外攘夷狄，对内大兴土木，致使男人奋力耕作还不足以供给粮饷，女子努力纺织还不足以供应衣服。古代曾经有过枯竭天下的资财用以侍奉皇上的欲望，还得不到满足的事例。可以看出司马迁对于汉代经济政策最终造成国富民疲的不满。当然他也从客观角度承认汉武帝时代的经济政策无异于古代，是形势态势的流变，相互激荡的结果，是历史发展的必然，也没什么可奇怪的。

外交专家张骞

《泰州杂诗》"闻道寻源使，从天此路回，牵牛去几许，宛马至今来。"这是唐代的诗人杜甫在安史之乱中避难到现在甘肃天水的时候，写下来的几句诗。这位忧国忧民的民族诗人，在中西古道上的泰州想起了汉代张骞通西域的故事，他赞叹汉使能够穷河源、通大宛，实在是非常难得，犹如打开了一条天路。这位被杜甫神往的故人即是与卫青、霍去病同朝的外交专家和探险家张骞，他被称为中国的哥伦布。如果说卫青、霍去病是用千军万马打开了中西方交流的通道，那么张骞则是凭借一己之力打开了一条天路，也就是闻名后世的丝绸之路。当然他的两次出使西域都是带有外交和军事目的的，他的远征对于战争胜利的意义远非一场战役能比。

一、第一次西征

张骞第一次出使西域的目的是去联络大月氏。月氏人是属于突厥的一个游牧民族，在中国古书上记载着的"禺氏"，就是月氏的转音。禺氏在周朝的时候，曾经向中国献过马匹和玉。两项物品本来都是西域的特产，尤其天山南路所产的玉，是自古以来就很著名的。月氏人的根据地，直到汉朝初年还是在现在的甘肃西部，控制着从西域到中国的门户，所以西域的玉和马,都要经过月氏人的手才到达中国,"玉门"的名称,也就是起源于西域的玉由此输入而命名的。

张骞启程的具体年份不明,但是从他之后的功绩可大约推测,他出发于武帝即位后不久的建元年间。当时汉武帝还未对匈奴采取军事行动,但他已经准备去对匈奴采取一种"伐交"的工作了,按照我国古代兵学大师孙武的说法,战争是分四个等级的,所谓"上兵伐谋,其次伐交,其次伐兵,下政攻城",伐谋就是现在的"心理战"或"政治战",伐交就是"外交战",这两种战争,才是最经济的"不流血的战争";伐兵是两军交绥,攻城便是"要塞战"了。汉武帝是中国历史上少有的天才军事家之一,在他派遣张骞出使西域的时候,张骞还是一个不满二十岁的青年,二十岁的张骞是否看到孙子的兵法理论并遵照执行呢?我们无法考证,他这种措施,倒是吻合了兵法的原则,其实际意义,也完全是军事措置,而非一般外交行为。

张骞是西汉汉中郡城固人(今陕西省城固县),在汉武帝初即位的时候,在朝为郎,是一个素有大志和朝气的时代青年。他因为看到当时匈奴猖獗,国防遭受重大威胁,全国人民为了备胡而蒙受了可怕的损失,便在武帝发出招募出使西域的人员命令以后,奋起应募,走上他个人的人生巅峰。他的勇气、他的热忱,可以和欧洲许多探险家相媲美,西洋的历史学家称他是"中国的哥伦布",日本著名汉学家桑原骘藏著有《张骞西征考》,把他的出使称为"远征"。因为在当时从长安到西域的路线,必须经过匈奴地区的"河西走廊",本就万分危险,至于路线的不熟悉和沿途的给养困难,更是令一个缺乏勇气和热忱的人裹足不前。但是张骞注定是一个不凡的人,他开启了大汉的第一次西域之行。

武帝交付他的使命是:抵达大月氏国,推动大月氏国与汉帝国建立同盟关系,并缔结夹击匈奴的约定。从计划的提出可推测,大月氏国也对匈奴怀有深仇大恨。

月氏原本是居住在今天甘肃省的一个少数民族，由于匈奴冒顿单于的进攻而被迫迁徙到西方。据说在老上单于时期，月氏王被匈奴杀害，其头颅还被制成了酒器。因此汉廷认为，即便月氏逃至西方，也绝不可能忘却对匈奴的仇恨。而且，当时还未满二十岁的汉武帝是从投降的匈奴人口中亲耳听到这些情报的。在武帝心中，便滋生了与月氏联手的想法，于是年轻的帝王便派遣同样年轻的使者出发了。

张骞率领着一行百余人，从长安向着西方启程。虽然说是出使大月氏国，但这是一个连目的地在哪里都不明确的旅程。并且，他们还必须在途中穿过匈奴的领地。最终，张骞一行人被匈奴人发现，并被押到了军臣单于的面前。单于对张骞言道："使吾欲使越，汉肯听我乎？"

于是，张骞就这样被扣留在了匈奴十余年，其间匈奴人为他娶了一名匈奴女子，并生下孩子。但是即便这样，他也从未忘记过自己的使命，一直等待着机会逃出匈奴。从匈奴成功逃脱的张骞，循着大月氏国的方向，向西奔走了数十天，到达了大宛国，在那里获得了意想不到的热情款待。大宛国位于锡尔河上游的中尔干纳地区。张骞从大宛国王那里得知了大月氏的所在地，并且在大宛国王的好意之下被护送到了康居。在那里他又得到康居的护送，到达了大月氏。康居国位于大宛北方，是一个沿着锡尔河河畔、在草原上过着游牧生活的国家，而大月氏大概位于其南方的阿姆河流域的北部地区。

张骞到达大月氏后了解到，大月氏的确是由被匈奴杀害的月氏王的太子继承了王位，但是他们已经臣服了南方的大夏国（巴克特里亚）。而且，大月氏的土地肥沃，牲畜繁多，生活安定，人们对匈奴的仇恨已经淡去。当年月氏种族被匈奴打败后，暂时逃到了伊犁地区落脚，但是在那里又遭到乌孙人的攻击，于是再次西逃到达大夏的领域，占领了那里的北部地区，终于获得了能够安居的土地。

在大月氏多年的努力使张骞终于明白，说服大月氏夹击匈奴约定的使命绝对无法完成了。于是，张骞走上了返回祖国的归途。归途中，他选择了经由塔里木盆地南侧（天山南路）避开匈奴、穿越羌族地区的路线，很不幸又被匈奴人发现，再次被扣押在了匈奴境内。不过因此，他也得以和他的匈奴妻子团聚。

第二次扣押生活过去了一年多，恰逢军臣单于去世，匈奴国爆发了左谷蠡王攻打单于太子的内乱，张骞便趁此机会，带着妻子和一个随从逃出了匈奴，历尽千辛万苦终于踏上了长安的土地。这一次回国，距离他从长安出发已经过去了十三年。当时一起出行的百余人中，平安返回的只有他和他的一个随从。回国的具体年份虽然不详，但一般认为大概在元朔三年，正是将军卫青出征攻打匈奴的时期。

根据张骞回国后的奏报，汉帝国第一次了解到西域的情况。《史记·大宛列传》以及《汉书·西域列传》中关于西域地区的地理风俗的详细记述，都是根据张骞的叙述书写而成的。西域地区主要有大宛、乌孙、康居、奄蔡、大月氏、安息、条枝、大夏等国家，位于大夏东南方的还有身毒国（印度）。张骞对身毒国的了解，主要来自他停留在大夏的见闻。他在当地市场发现了邛地（今四川省西昌市东南）的竹杖和蜀（今四川省成都地区）布，便询问大夏人购买于何处，从而得知是身毒出售这些物品。

由此，他推断身毒国与蜀地理位置接近，因此两地间才有贸易活动，若要避开匈奴，从汉前往西域的话，经由身毒的路线将会是一条便捷之路。他向武帝陈述了这种想法，并请求亲历而行，武帝准许了他。于是，张骞从蜀地进入南方山地，开始找寻通往身毒的道路。但张骞的这次努力最终没有获得成功。但是，由于他的尝试，中国首次开辟了通往滇国的道路。

此后，张骞跟随卫青大将军参加了对匈奴的战争，按军功被封为博望侯，成为列侯。但是，元狩二年夏出兵匈奴之际，张骞以将军身份同郎中令李广一起从右北平出击，由于延误了军期，根据军法要被处以斩刑。张骞通过缴纳赎金的方式幸免了死罪，却因此失去了列侯爵位。

二、二次西征

武帝十分看重张骞所掌握的西域知识，而张骞也再次上奏，提出了代替与大月氏联手的方案，即与乌孙联手夹击匈奴的计划。乌孙曾经臣服在匈奴之下，但乌孙国王昆莫的父亲被匈奴人杀害，现在的乌孙国已不再服从匈奴。如果将乌孙招至已经降汉的原匈奴国浑界王的旧地，并与其缔结兄弟盟约，切断匈奴国的右臂，就可以让匈奴深陷苦境，并且还有可能促成大夏以及其附属的西域诸国都向汉廷臣服。

武帝赞同了这一计划，再次派遣张骞出使西域。元狩四年，张骞率领一行三百人踏上了行程。用于乘坐、载物的马匹，按照每人两匹的规格配置，途中食用的牛羊达数万头，而预备赠送给乌孙王等邻近国家诸王的则是价值不菲的黄金、布帛。

途中，一行人幸运地未受到匈奴人的侵扰，顺利到达乌孙。张骞向乌孙国王极力推荐夹击匈奴的策略，然而乌孙朝中无一人赞同。当时，乌孙王已经年迈，而乌孙国内分裂为国王、早逝太子之子以及太子之弟三股势力，政局动荡不安。此外，夹击匈奴的策略得不到赞同的原因还在于：乌孙畏于匈奴的强大，对强盛的汉帝国还一无所知。

不得不放弃与乌孙联盟计划的张骞，派遣副使分别访问了大宛、康居、大月氏、大夏、安息、身毒、于阗诸国，之后踏上了返回大汉的归途。当时，乌孙派遣数十人，并配备了十余匹马护送张骞。张骞于元鼎二年平安返回长安，被任命为大行令（接待外国使臣的长官），但是在三年之后就与世长辞了，那时正值汉帝国出兵南越的年份，即元鼎五年。

三、开辟丝绸之路

张骞的两次远行，虽然没有达到军事上的目的，但是却起到了不可预期的外交效果。不仅令汉帝国了解到了西域的各种情况，而且也让大宛、乌孙、大月氏、大夏等西域诸国首次认识到汉帝国的强盛，之后他们都纷纷派出使者访问汉帝国。与此同时，往来于西域之路上的商人也不断增多，西域的珍奇异货进入中原，中原的物产也被出售到了西域地区。

从西域进入中国的主要物产有葡萄、石榴、苜蓿（三叶草的一个品种）等，而中国出口的物产中最为著名的则是丝织品。据说，中原产的丝织品经由西域一直被运送到罗马帝国的首都，在那里，中原丝织品是按照相同重量的黄金价格进行交易的。

这条通道后来之所以被称为丝绸之路，就是因为它是中国能与西域进行丝织品等物品交易通道的缘故。当然远不止于此，在古希腊语中，中国被称为"塞里斯"，意思为绢，可知中国最早是以丝织品闻名西方，继而广为被西方国家知晓的。丝绸之路的影响是如此深远而又广泛，一直到现在也是一条重要的打通东西方交流的交通要道。

英雄背后的美人

平阳公主
陈阿娇
卫子夫

汉代的民风比较开放，尤其表现在女性的社会地位上，儒家礼教对女性的禁锢教条尚在初级阶段，汉武帝时期不分尊卑任用人才也是一大执政特色。汉代女性没有政治权利，但汉代女性中的几个特殊的小群体，由于其独特的身份，可以通过直接参政或间接参政的方式不同程度地参与和影响国家政治。这些有机会参与政治的女性对汉朝的政治和社会发展起了或积极或消极的作用，有的甚至影响了历史的进程。

为了通过提倡孝道维护社会的基本单位——家庭的稳定，从而维护社会和统治的稳定，两汉统治者标榜以孝治天下，汉朝皇帝在孝方面以身作则，对太后都是毕恭毕敬，在母命不可违的孝道要求下，尊重并实践太后的意愿，包括政治意见，这为太后参政创造了条件。西汉一朝汉还出现了两位直接参与政治的太后。一位为吕后，太史公专门为她作了《吕后传》，可见其地位非同一般。吕后多谋而果断，汉并天下后，曾经努力协助刘邦剪除异姓诸侯王。她处死韩信,力促刘邦夷灭彭越宗族。汉惠帝死后,吕后临朝称制八年,擅权用事。一位为窦太后,在她的影响下文景时期一直施行无为而治的黄老政策,即便汉武帝刚上台的时候,也不得不听这位祖母的话,直到窦太后去世,汉武帝才可以在朝堂上大展拳脚。汉朝这种所谓"母党专政""权在外家"的情形屡有发生,从而大大提升了女子的社会地位。

部分公主和后妃还可依靠与皇帝亲密的私人关系,影响皇帝的政治决策来间接参与政治。公主刘嫖与太子刘荣的母亲有矛盾,于是经常在皇帝面前说刘荣的不足,竭力推荐刘彻做太子并最终被皇帝采纳,"废太子为临江王",刘彻才得以荣登帝位,中国帝王史上才有了一代雄主汉武大帝,这是一起典型的公主参政改变历史的案例。梁孝王派人刺杀袁盎,景帝因此怪罪他,梁孝王异常恐惧,通过长公主说情,得以免灾,可见这位公主在汉代政权中的影响之大,有很大的话语权。他们还可通过外戚参与政治,武帝皇后卫子夫的弟弟卫青被封为大将军,外甥霍去病被封为骠骑将军,卫子夫一时权领天下,对汉朝政治影响很大。

于是,就出现了汉朝女子尊贵的特殊的历史文化现象。在汉朝,有名的女子不但可以封侯,还可以拥有爵位和封邑。如汉高祖刘邦就曾封兄伯妻为阴安侯,吕后当政后,也曾封萧何夫人为酂侯,樊哙妻吕媭为临光侯。汉宣帝刘询赐外祖母号为博平君,以博平、蠡吾两县户万一千为汤沐邑。汉代女性通过自己的努力也可以得到属于自己的职场地位。

汉朝女子尊贵现象也使女子在婚姻关系和家庭生活中占据较高地位。汉代女人可以协议离婚,寡妇可以再嫁,情侣可以私奔。汉朝的公主蓄养面首也是天经地义的事情。汉武帝的姑母馆陶公主刘嫖寡居,宠幸董偃,一时"名称城中,号曰'董君'"。西汉初年名臣陈平之妻,嫁陈平以前已五嫁;新寡的卓文君夜奔司马相如;可以想象当时社会对再嫁报有宽容的态度。在日常生活中,直至东汉初年,男女交往仍是相当自由的。民间因日常工作的需要，也不可能严行男女之防。由此可见，在封建社会的第一个鼎盛时期——汉代，妇女有一定的社会地位。

关于美人，史书上也没有具体的标准，但是能够被写入以帝王将相为主的历史的记载中，一定和政治有着千丝万缕的关系，光有美貌是进不了史书的范畴的。所以所谓史书中流传下来的美人，不仅相貌美，还要兼具政治智慧，简单说要才貌兼有，方可流传后世。从古代的四大美女，貂蝉、昭君、飞燕、玉环，到后来的李师师、陈圆圆之流，哪一个不是身怀绝技，琴棋书画样样皆通，哪一个没有与帝王的霸业形成紧密相连的关系？所以要想称之为美人，除了先天的姿容，还需要高智商、高情商以及过人的才情，所以做一个流传史册的美人并没有那么容易。

汉代也有美人，一有金屋藏娇的陈阿娇，二有舞艺精绝的卫子夫，三有倾国倾城的李夫人，四有果敢勇武的平阳公主。她们能在历史上留下美丽的倩影，有一个最重要的因素，那就是她们对于历史的进程都有推动作用。首先陈阿娇通过其母馆陶公主使武帝刘彻成功上位，也因此有了金屋藏娇的美誉。卫子夫就更不用说，她是伴随武帝时间最长的皇后，以歌妓之身而荣登皇后宝座，除了天幸，她本身的才情与隐忍也是重要的因素之一。都说是因为她的得宠而让卫氏一族鸡犬升鸣，殊不知也是因为卫氏一族的功绩，卫子夫在后宫处于不败之地，他们的利益又何尝不是休戚与共呢？正如后世的诗词中所描述："卫家声势冠长安，御柳春风衣带连。好色君王多慧眼，寒门子弟有忠肝。单于泪洒疆场雨，司马功成戈壁滩。毕竟谦恭能自保，从来悍将少延年。"同时以她为代表的卫氏三姐妹也成为史书上独特的姐妹花而流传后世。

李夫人创作了中国美人最美好的典故"北国有佳人，一笑倾人城，再笑倾人国"，从此之后"倾国倾城"便成为绝美容颜女子的代名词。这样美丽的女子除了要有惊为天人的容貌，绝顶的歌喉，更需要的是极高的情商和隐忍的能力。李夫人的情商估计是汉武帝的妃子中最高的一位了吧，她能让汉武帝至死都念念不忘，花重金让司马相如写悼念赋，还能用自己的身死换来哥哥李广利一世的荣光，这样情商极高的美女的确是要让人刮目相看的。

古语云：伴君如伴虎。这句话并不单单指臣子，也包括皇帝的后宫乃至他的尊亲。而且臣子的相伴还有下班和退休时间，而妃子和他的尊亲则是没有休息时间的。作为后宫嫔妃，侍寝承欢的时刻并不是很多，更多的时间是要做好自己的本职工作，做好一个臣子的本分。而皇帝的尊亲也不可免俗，虽然同是刘氏子孙，但除了皇帝其他人都是臣子。作为皇帝的尊亲似乎并不是那么幸福的事，如果没有夺取帝位的野心，史书上会记载你不上进，而你一旦上进便会成为皇帝的眼中钉肉中刺，所以作为皇族践行中庸之术倒要比臣子更难一些。

作为公主，其身份则要比同袍的兄弟们要差上好多。汉代的公主也有严格的等级之分，东汉末年的蔡邕在批注《史记·孝武本纪》时又称"帝女曰公主，仪比诸侯。姊妹曰长公主仪比诸侯王。" 平阳公主是一个不甘寂寞的公主，她用自己才智取悦自己的弟弟，精心地为汉武帝准备了卫子夫这样的绝色舞女，卫青也是出于平阳府。她用自己的努力换得了长公主的荣耀，赢得了自己的汤沐浴，最终也赢得了自己的婚姻，嫁给了曾经的骑奴，后来的大将军卫青。本章主要介绍与卫青、霍去病休戚相关的三位美人。

平阳公主

平阳公主能够青史留名，很大原因是因为她具有过人的政治智慧，她为汉武帝挑选的两位夫人都成为了扭转武帝一朝政治、军事态势的重要人物。而她自己的三次婚姻史也成为了汉代民风开放、女子社会地位高的最好例证。

一、敬献美人

平阳公主一生为武帝敬献了两位美人,一位是皇后卫子夫,一位是创造中国倾国倾城典故的李夫人。

关于敬献卫子夫的故事,史记和汉书中都有史料记载。

> 《汉书·外戚传》载:孝武卫皇后字子夫,生微也。其家号曰卫氏,出平阳侯邑。子夫为平阳主讴者,武帝即位,数年无子。平阳主求良家女十余人,饰置家。帝祓霸上,还过平阳主。主见所侍美人,帝不说。既饮,讴者进,帝独说子夫。帝起更衣,子夫侍尚衣轩中,得幸。还坐欢甚,赐平阳主金千斤。主因奏子夫送入宫。子夫上车,主拊其背曰:"行矣!强饭勉之。即贵,愿无相忘!"

卫子夫出生于汉景帝年间,身世寒微,其家号卫氏,在当时的平阳侯曹时(抑或曹时之父曹奇,因卫子夫出生之年不详)封邑境内。其父之名史不见载,母亲卫媪曾为平阳侯家僮,一说侯妾。卫子夫年少时被送往平阳侯家教习歌舞,遂为平阳侯府讴者(歌女)。而平阳公主也发现了卫子夫出众的才貌,同时她明白自己的亲弟弟刘彻正为了陈阿娇的跋扈而苦恼,汉武帝即位后却无子嗣,所以性格谦逊正值青春年华的卫子夫正适合此时的刘彻,她在等待一个合适的时机把卫子夫献给汉武帝。

汉武帝建元二年春三月,上巳日。十八岁的少年天子刘彻去霸上祭祀先祖,祈福除灾。回宫时顺路去平阳侯在京的府邸看望当时嫁给平阳侯曹时(曹寿)的大姐平阳公主。平阳公主早已得到消息,让卫子夫盛装打扮迎接武帝的到来。

平阳公主采取了欲扬先抑的手段，在武帝小憩的时候，她将先前物色好留在家中的十几个样貌并不出众的女孩精心装扮，并令她们拜见武帝，然而武帝却都不满意。于是平阳公主命十余人退下，继而酒菜开筵。这时，侯府的歌女上堂献唱，卫子夫亦便在此时盛装出场了，经过平阳公主精心调教的卫子夫自然没有让武帝失望，他一眼便看中了卫子夫。

继而，武帝起身更衣，子夫则随去侍候，并在尚衣的轩车中得到初幸。武帝回到筵席后非常高兴，赐给了平阳公主黄金千金。机敏的平阳公主在此时便顺势奏请武帝将子夫送入宫中，武帝欣然答应。临别上车之时，平阳公主拍着子夫的后背说："走吧，在宫里好好照顾好自己，好好自勉努力，将来若是富贵了，不要忘记我的引荐之功。"虽然只是自己门下一名小小的歌者，但是平阳公主依然像对待姐妹一般对她殷切嘱咐，因为她知道自己看中的卫子夫不仅仅是成为普通的妃嫔那么简单，她早晚有一天会飞黄腾达的，到那时卫子夫和汉武帝都会记着她的举荐之功。很显然，平阳公主这一场赌局获胜了，卫子夫入宫数年之后便贵为皇后，平阳公主因举荐有功，一直被自己的弟弟所尊敬着。

在元鼎六年，平阳公主又故技重施，将倾国倾城的李夫人又送到了汉武帝的身旁。

《汉书·外戚传》载：孝武李夫人，本以倡进。初，夫人兄延年性知音，善歌舞，武帝爱之。每为新声变曲，闻者莫不感动。延年侍上起舞，歌曰："北方有佳人，绝世而独立，一顾倾人城，再顾倾人国。宁不知倾城与倾国，佳人难再得！"上叹息曰："善！世岂有此人乎？"平阳主因言延年有女弟，上乃召见之，实妙丽善舞。

汉武帝有一名宠臣李延年因擅长音乐得到汉武帝的宠信。有一天李延年为汉武帝献歌,歌唱到:"北方有佳人,风姿绝世,亭亭玉立,回眸一望能倾覆城池,回首再望能倾覆国家,岂不知倾城倾国的祸患,只因为佳人难再得!"汉武帝听后叹息说:"好,世上真有这样的人儿吗?"平阳公主于是推荐了李延年的妹妹入宫,就是后来深受汉武帝宠爱的李夫人,李夫人也成为了后世绝世美人的代名词。

很明显上述故事是平阳公主和李延年在事先就演练好的,目的就是把李延年的妹妹不着痕迹地成功推荐给汉武帝,果然经过平阳公主事先的运筹帷幄,一切都水到渠成,让武帝对李夫人心生期冀,当真正见面的时候,必然会让李夫人的印象分在汉武帝那里高出许多。当然,李夫人也是一名智者,最后用自己的容颜换来了哥哥的一世荣光。这又从侧面证明了平阳公主识人、用人的过人之处。

二、三段婚姻

平阳公主身份尊贵,能与她婚配的自然都是名门望族,前两次婚姻都是嫁于旧式贵族为妻。她的第一任夫君为开国功臣曹参的曾孙平阳侯曹寿(又名曹时),因为曹寿的封邑为平阳,而平阳公主的食邑在阳信,所以平阳公主在结婚前称为阳信公主,婚后随夫家封邑又称平阳公主。在平阳公主的弟弟汉武帝刘彻即位后,尊为长公主。

关于平阳公主嫁给曹寿的具体时间,现已无法考证,但可以确定的是,汉武帝元光四年,曹寿去世,平阳公主成为寡妇。平阳公主和曹寿生有一子,名叫曹襄。曹寿死后,曹襄继承平阳侯的爵位。曹襄的妻子是平阳公主弟弟汉武帝刘彻与皇后卫子夫的长女卫长公主。

平阳公主的第二段婚姻非常短暂,曹寿死后,平阳公主嫁给开国功臣夏侯婴的曾孙汝阴侯夏侯颇。元鼎二年,夏侯颇因为和他父亲前任汝阴侯夏侯赐的姬妾通奸,畏罪自杀,封国也被撤掉。平阳公主再度守寡。此时她的儿子曹襄也去世了,而孙子曹宗是在她嫁到汝阴侯家之后出生的,祖孙二人一直就不在一处居住。

之后便迎来了平阳公主的第三段婚姻：与卫青的婚事。

《史记·外戚传》载：是时平阳主寡居，当用列侯尚主。主与左右议长安中列侯可为夫者，皆言大将军可。主笑曰："此出吾家，常使令骑从我出入耳，奈何用为夫乎？"左右侍御者曰："今大将军姊为皇后，三子为侯，富贵振动天下，主何以易之乎？"于是主乃许之。言之皇后，令白之武帝，乃诏卫将军尚平阳公主焉。

大概在元朔五年，卫青因战功在军中拜为大将军，三子皆封侯。此时，正逢平阳公主寡居，要在列侯中选择丈夫，许多人都说大将军卫青合适，平阳公主笑着说："他是我从前的下人，过去是我的随从，怎么能做我的丈夫呢？"左右说："大将军已今非昔比，他如今是大将军，姐姐是皇后，三个儿子也都封为侯爵，富贵震天下，哪还有比他更配得上您的呢？"汉武帝知道后，失声笑道："当初我娶了他的姐姐，如今他又娶我的姐姐，这倒是很有意思。"于是当即允婚。时迁事移，当年的仆人就这样成为主人的丈夫。

从平阳公主的三次婚姻也可以折射出武帝一朝旧式贵族的陨落，以及新式贵族的崛起。平阳公主先前两次婚姻都是嫁于旧式贵族为妻，但是旧式贵族在政治和经济乃至人脉上的衰落导致了她两次婚姻不幸，短暂而飘零，所以她需要靠自己的政治智慧为武帝敬献美人来维持自己的政治地位。直到在元朔年间，她曾经举荐的仆人一跃而成为新式贵族，所以早已相识的两人在中年时期走到了一起。平阳公主的发问好像是要得到一个证明，那就是她与卫青的婚姻不是下嫁，而是门当户对、势均力敌的婚姻。而众人对大将军已今非昔比的答复，就仿佛全天下对卫青这一新式贵族的认可。汉武帝能把最为尊贵的姐姐嫁给卫青，也是对以卫青为首的新式贵族的认可与器重，同时是对卫青军事才干的赞许与依靠，皇室的婚姻历来都是为政治服务的，公主和将军的结合是维护汉武帝权威最好的选择。

当然在这场政治婚姻之下，也有真情的存在，毕竟二人是旧时相识，也有着旗鼓相当的才华与地位，平阳公主嫁于卫青之后有了坚实的肩膀，夫妻俩过了十几年太平的人生。元封五年，卫青病逝。卫青长子卫伉因平阳长公主的关系，继承长平侯爵位。据《汉书》记载，平阳公主临死前主动要求与卫青合葬（西汉的合葬制度不同墓，只在近处即可，平阳墓冢约在卫青墓东侧一千三百米处），死后陪葬于茂陵。可见在平阳公主的心目中是最看重自己这最后一任丈夫的。

陈阿娇

陈阿娇为历史贡献了两个成语：一个为金屋藏娇，一个为千金买赋。而陈皇后从立到废，也反映了西汉武帝一朝旧式贵族的衰落。

《汉书·外戚传》载：初，上为太子时，娶长公主女为妃。立为帝，妃立为皇后，姓陈氏，无子。上之得为嗣，大长公主有力焉，以故陈皇后骄贵。闻卫子夫大幸，恚，几死者数矣。上愈怒。陈皇后挟妇人媚道，其事颇觉，于是废陈皇后，而立卫子夫为皇后。

一、金屋藏娇

楚汉战争时期，陈婴曾随项羽征战，后降刘邦，并在汉高祖六年封一千八百户（《汉书》六百户）堂邑侯。汉文帝三年，陈婴之孙陈午袭堂邑侯，随后娶窦皇后之女馆陶长公主刘嫖为妻。生二男一女：长子陈季须（又称陈须），次子陈蟜，女即孝武陈皇后（名未见载于史籍）。

汉景帝四年，立长子刘荣为太子。长公主想将自己的女儿嫁与太子为妃。太子刘荣的母亲栗姬善妒，而后宫诸多受天子宠幸而得到显贵的美人皆因长公主之故，这些美人所受到的尊宠超过了栗姬，栗姬日益愤怒并且怨恨长公主刘嫖。待到长公主欲与栗姬结儿女之亲时，栗姬也因此而拒绝了长公主。遭到拒绝的长公主又将目光投向了四岁即封王的景帝爱子——王夫人所生的胶东王刘彻，作为姑姑的刘嫖问刘彻愿不愿意娶阿娇为妻，小人精刘彻回答道："若得阿娇，必以金屋贮之。"刘彻的回答深得长公主的心意，也为自己将来当上大汉的天子开了一个好头。

长公主因栗姬的拒绝而生气，于是经常在景帝面前进谗言栗姬之过："栗姬与各位贵夫人、宠姬聚会，常常让侍从在他们背后吐唾液诅咒，施用妖邪惑人的道术。"景帝因此恼恨栗姬。而栗姬亦曾因不愿善待景帝的其他儿子而出言不逊令景帝气愤。

与此同时，长公主每日在景帝面前夸赞王夫人之子的优点，景帝也认为王夫人之子德才兼备，又有从前王夫人怀孕时梦日入怀的吉兆，更换太子的主意便萌发了出来。王夫人知道景帝怨恨栗姬，趁他怒气未消，暗中派人催促大臣奏请立栗姬为皇后。一次朝会大行令上奏说："'儿子因母亲而尊贵，母亲因儿子而尊贵'，如今太子的母亲还没有封号，应当立为皇后。"景帝发怒说："这是你应该讲的话吗！"结果竟论罪处死了大行令，并在汉景帝七年废了太子刘荣，改封他为临江王。

同年，汉景帝立王夫人为皇后，她七岁的儿子胶东王刘彻为太子。刘彻立为太子后，娶了长公主的女儿陈氏为太子妃。而刘彻也履行了自己幼年时的诺言，为阿娇造了一座富丽堂皇的宫殿。作为一个含着金钥匙出生的姑娘，陈阿娇的前半生可谓是如神话里的公主一般，毫不费力就坐上了皇后的宝座，而且还有一个盛大而美好的婚礼。

二、千金买赋

建元元年，汉武帝即位，陈氏以太子妃身份立为皇后。因为在立武帝为储君这件事上陈皇后的母亲窦太主刘嫖有功劳，陈皇后因此更加骄横尊贵。窦太主亦自恃有功于武帝，无止境地向汉武帝索取财物，武帝心中开始厌恶窦太主。而陈皇后又生性骄横善妒，虽独享宠爱却始终没能诞下子嗣，花了众多钱财治疗不孕之症还是没能治愈。武帝对陈皇后的宠爱也慢慢衰退。王太后劝武帝说："你刚即位不久，大臣们尚未归附于你，之前商议兴立明堂的事情已经惹怒太皇太后，如今又不顺从长公主，必定会受到重责。妇人的性情是很容易高兴的，你应该慎重思考该怎么做！"武帝于是对窦太主与陈皇后母女俩稍加恩礼相待。

建元二年，汉武帝的姐姐平阳公主献歌女卫子夫以充后宫。陈皇后听说卫子夫得到天子临幸之后，非常气愤，数次寻死觅活，武帝愈加对陈皇后不满。

建元三年，卫子夫因被武帝宠幸而怀有身孕，而此时陈皇后却因为没生孩子而妒忌卫子夫。陈皇后母亲大长公主听说后心疼自己的女儿，亦妒忌卫子夫，于是策划抓捕卫子夫的弟弟卫青，欲将其杀害，后卫青被其友公孙敖相救免于一死。

随着卫夫人的尊宠一天胜过一天，并为汉武帝生下三个公主，而陈皇后十余年里却一直未能生育，其外祖母窦太皇太后又在建元六年去世，陈皇后因为妒忌又开始采取行动了。元光五年，陈皇后竟施以妇人媚道，此事被发觉后，汉武帝要求负责执法纠察的部门穷究此案。当时的御史大夫张欧有一位下属侍御史名叫张汤，他深入案情，追查出楚服等人为陈皇后施巫蛊之邪术的阴谋，祝告鬼神，祸害他人，属大逆无道之罪。最终将巫者楚服斩首于市，与此案有牵连者被诛杀的有三百余人。同年秋七月乙巳日，汉武帝命有司赐皇后一道策书："皇后不守礼法，祈祷鬼神，降祸于他人，无法承受天命。应当交回皇后的玺绶，离开皇后之位，退居长门宫。"至此，居皇后之位十一年的陈皇后被废黜，孤苦伶仃地在长门宫苦熬余生。

陈皇后被废之后，终日郁郁寡欢，于是便花费黄金百斤，让当时的大文豪司马相如为其作《长门赋》，以表达自己的忧思之苦，也期望能够通过自己的真情挽回武帝的心意。后世李白还因此作诗《白头吟》"闻道阿娇失恩宠，千金买赋要君王。"只可惜最终并未能如愿，陈皇后数年后病逝于长门宫。其实，从陈阿娇被打入冷宫的那一天开始，便预示着武帝一朝旧式贵族走向了没落，只不过因为陈皇后的骄奢，加速了卫青等平民阶层走向人生巅峰的进程。

卫子夫

卫子夫的一生承担着多重角色：汉武帝的皇后、卫青的姐姐、刘据的母亲。由一介歌女而一跃为帝国的皇后在历朝历代也是寥若晨星的，由于她一人的得幸也造就了整个卫视家族的荣光，他的弟弟卫青和外甥霍去病官至大司马，她的长姐卫君孺（卫孺），次姐卫少儿皆为侯爵夫人，那么卫子夫究竟有怎样的魅力成为布衣皇后而名传千古呢？

一、色艺双全、性情温婉

卫子夫出生于汉景帝年间，身世寒微，其家号卫氏，在当时的平阳侯曹时（抑或曹时之父曹奇，因卫子夫出生之年不详）封邑境内。其父之名史不见载，母亲卫媪曾为平阳侯家僮，一说侯妾。卫子夫年少时被送往平阳侯家教习歌舞，遂为平阳侯府歌女。在作为歌女的日子里，卫子夫一边勤习歌舞，一边和弟弟、妹妹们干一些杂役，如果她碌碌无为，一生便在平阳府这样过下去了。但是她必定有着惊人的美貌、聪慧温顺的性格乃至卓尔不凡的舞姿，否则平阳公主也不会从众多的歌女当中选择了她作为最合适的人选敬献给自己的弟弟——身为大汉天子的刘彻。

汉武帝建元二年春三月，上巳日。十八岁的少年天子刘彻去霸上祭祀先祖，祈福除灾。回宫时顺路去平阳侯在京府邸看望当时嫁给平阳侯曹时（曹寿）的大姐平阳公主。虽然汉武帝才即位一年有余，然自七岁为太子娶妃至十六岁即位也已经数年，却并无子嗣。平阳公主便效仿姑姑馆陶公主（窦太主），择良家女子欲以进献天子，正如前面所说，这位受命运眷顾的女人便是卫子夫。不过汉武帝对于卫子夫的宠幸却不持久。

《汉书·外戚传》载：入宫岁余，不复幸。武帝择宫人不中用者斥出之，子夫得见，涕泣请出。上怜之，复幸。遂有身，尊宠。召其兄卫长君、弟青侍中。而子夫生三女，元朔元年生男据，遂立为皇后。

入宫一年多，卫子夫也没有再度得到宠幸。一年后，汉武帝打算释放一批不中用的宫人，卫子夫就在其中。她没有因为武帝的冷漠而产生怨怼，而是再见到武帝的时候带雨梨花地哭泣着请求武帝将她放出宫外，她的柔弱再次击中了武帝的心房，武帝再度临幸了她。建元三年，卫子夫有了身孕。汉武帝对她的尊宠也一天胜过一天，卫子夫终于在后宫中站稳了脚跟。陈皇后的母亲馆陶公主刘嫖命人绑架卫子夫正在建章宫任职的弟弟卫青，意图杀害他，幸亏卫青的同僚公孙敖及时救了他。汉武帝知道后，封卫青为侍中、建章监，卫子夫为夫人，卫家从此富贵。

而后卫子夫得到大幸，有宠于皇帝，封为夫人，十年间先后为汉武帝生下三女一男，而其家族也得到极速发展。卫子夫的长姐卫君孺嫁给太仆公孙贺为妻，公孙贺亦因此更受亲信；妹妹卫少儿因与陈掌有私，汉武帝便召见陈掌使其显贵；公孙敖因与卫家亲近而受益，卫青则升为大中大夫之职。纵览汉武帝一朝，没有比卫家更幸运的。

此后半年有余，卫子夫再次怀孕。元朔元年春天，已承宠十年的卫子夫为称帝十二年之久、时龄二十九岁的汉武帝生下第一位皇子。武帝异常欣喜，诏令当时善为文者枚皋及东方朔作《皇太子生赋》及《立皇子谋祝》之赋。为感谢上苍赐予他的第一位皇子，武帝又修建了婚育之神句芒神之祠以祭拜之。举朝臣子亦为这位迟来十余年的大汉皇长子的诞生而高兴。武帝为皇长子取名为刘据。

欢喜之暇，时为中大夫的主父偃上书武帝，请立卫子夫为皇后。武帝欣然准奏，择元朔元年的春天，三月甲子这一日册立卫子夫为皇后，同时大赦天下。在孝景帝三年以前犯罪的，都免予处理。可见汉武帝对于卫子夫这位新皇后是何其满意。

至此，空闲一年八个月的未央中宫椒房殿再次有了新的主人。而自卫子夫之后，大赦天下立皇后亦成为汉家制度。

卫子夫既立，当时的郎官枚皋自作《戒终赋》一篇献予卫皇后，且一改往日诙谐的文风，劝诫卫皇后要将良好的品德作风一直保持下去。可以看出正是卫子夫一直秉持着宽宏大度、贤良淑德的作风，才能一直得到武帝的盛宠。也因为她的知书达理，让武帝加深了对卫青、霍去病的信任。

在卫子夫被立为皇后的那一年，卫青便取得了雁门大捷，因她而显贵起来的卫氏家族亦不负君王所望，并未如大部分外戚一样寄居于裙带之宠。以卫青、霍去病为主导的卫氏外戚身着戎装，挥师北上，凭借着个人才能及埋骨他乡的决心在数次出生入死之后身封万户侯，为大汉朝谱写出戎车七次出征、六次深入匈奴，在祁连山设郡的赫赫战功，基本瓦解了北方匈奴势力，为解决汉朝边患问题立下了不可磨灭的功绩。卫氏一门五人亦获封侯的荣耀，更有姐姐作皇后，弟弟娶公主的富贵。

卫氏家族的显贵曾经震动天下，遂有《天下为卫子夫歌》流传下来，歌曰："生男无喜，生女无怒，独不见卫子夫霸天下！"其后历数近八百年，才有唐玄宗杨贵妃盛宠之时的"生男勿喜女勿悲，君今看女作门楣。"的翻版坊间民谣。

二、色衰爱弛、礼遇有加

《汉书·外戚传》载：皇后立七年，而男立为太子。后色衰，赵之王夫人、中山李夫人有宠，皆蚤卒。后有尹婕妤、钩弋夫人更幸。

元狩元年，皇子刘据和他的父亲一样年仅七岁就被立为皇太子。太子刘据稍稍长大后，汉武帝在群臣中甄选出万石君少子，时任沛太守的石庆作太子太傅，又派德高望重的文学之士辅导他学习《公羊春秋》（《公羊传》）。而太子通晓《公羊传》后，又私自请求学习《谷梁传》而得到武帝的喜欢。待到太子加冠成年迁往太子宫时，武帝专程为刘据建了一座苑囿接待宾客，取广博观望之意，称为博望苑。

随着太子刘据一天天长大，卫子夫的美丽容颜也一天天衰老下去。元朔六年，随着年轻貌美的王夫人的出现，汉武帝对卫子夫持续十五年的盛宠开始逐渐转移。之后，又有李夫人、尹婕妤、邢娙娥、赵婕妤（钩弋夫人）等更替受宠。

然而，即使色衰爱弛，卫子夫依然记着立后之时枚皋那篇劝诫之赋。再者卫子夫的弟弟卫青及外甥霍去病为汉武帝一朝立下不世之功，威仪不泯，天下尊之。深晓月盈则亏，水满则溢，盛极必衰道理的卫子夫宠辱不惊，凭借着平衡的心态，良好的德行及公正的处事，使她在宠衰之后，在霍去病、卫青相继离世之后的十五年内依然能够得到武帝的礼遇与尊重。

除后宫诸事为卫子夫职责之内，武帝每每出巡游幸天下时亦将少府所掌宫中事务交予卫子夫定夺。待武帝归来之时，卫子夫将重要的裁决汇报给武帝听，武帝从来没有异议，有时甚至免去卫子夫的汇报。武帝对卫子夫的信任可见一斑。

三、护子心切、果敢就义

《汉书·外戚传》载：卫后立三十八年，遭巫蛊事起，江充为奸，太子惧不能自明，遂与皇后共诛充，发兵，兵败，太子亡走。诏遣宗正刘长乐、执金吾刘敢奉策收皇后玺绶，自杀。黄门苏文、姚定汉舆置公车令空舍，盛以小棺，瘗之城南桐柏。卫氏悉灭。宣帝立，乃改葬卫后，追谥曰思后，置园邑三百家，长丞周卫奉守焉。

盛宠之下，功高相加，卫氏外戚的规模在近半个世纪的时间内不断壮大。不过随着卫青在元封五年去世之后，庞大的外戚成员也开始走向没落，但是因为卫子夫和刘据的存在，这个没落的时间延长了许多。征和二年春正月，丞相公孙贺之子公孙敬声被人告发以巫蛊咒武帝，与阳石公主通奸，公孙贺父子下狱死，诸邑公主与阳石公主、卫青之子长平侯卫伉皆坐诛。卫氏家族开始衰落。

这一事件直接波及到了皇宫中的太子刘据，又发生了撼动整个大汉宫廷的巫蛊之祸。这次巫蛊之祸并没有因为公孙贺父子的惨死而终止，反而愈演愈烈。武帝宠臣江充奉命查巫蛊案，因与太子刘据有隙，遂趁机陷害太子，并与案道侯韩说、宦官苏文等四人诬陷太子。太子恐惧，起兵诛杀江充。此时卫皇后表现出了其果敢的一面，果断行使皇后的权利，调动中厩皇后的马车装载射手，搬取武库的兵器，调发长乐宫的卫队以助太子。最后遭武帝镇压。太子兵败，卫皇后不愿受辱，或为子担责，或以死明志，自杀。卫氏势力悉尽覆灭。至此，母仪天下38载，陪伴汉武帝49年，中国历史上第一位拥有独立谥号的皇后卫子夫溘然长逝。偌大的未央宫在经历过一场血色浩劫之后依旧壮丽堂皇，只是中宫椒房殿，再一次失去了主人，直到汉昭帝即位。

事发后，壶关三老和田千秋等人上书陈述太子冤屈，终于清醒过来的武帝夷江充三族，烧死苏文。又修建"思子宫"，在太子被害的地方建造"归来望思之台"，以表达对儿子的哀思。此事件牵连者达数十万人，史称"巫蛊之祸"。

卫子夫由歌女而成皇后，除了她的容颜绝美之外，还因为她有太子刘据和战功赫赫的娘家作为她的支柱。在她为皇后的三十八年中，是安分守己的，所以武帝死后，她的名誉还是得到了恢复。另外，应该指出的是，卫子夫的入宫，使她的弟弟卫青、外甥霍去病得到了施展才能的机会，从而为西汉在反击匈奴的战争中赢得了主动地位。从客观上讲，卫子夫对汉朝是有功劳的。她对后世的影响也是不能抹杀的。

鲜血和尸骨堆积出来的丝路

丝绸之路的开辟与畅通
西域各国与汉族互通有无

  战争的意义是什么？除了征服，换来更多和平安定的局面，迎来更多的疆域和土地、人民，更多层面上是一种变相的文化交流，是动用举国之力来进行一种主动而特殊的交流，既有军事方面的，更有文化和经济层面的。因为一场战争毕竟是综合国力的竞争，粮草战马的准备都是必需品，而征战双方也都会在失败之后研究对方的策略，都会把对方投降的精英阶层当作贵宾来礼遇，而这些投降的人士从政治的角度来讲是不光彩的，但是从文明发展的角度来看，却起到了一个至关重要的中介作用。战争也是对未知世界的一种积极探索，因为只有熟识对方，才能有取胜的可能。战争的目的不是为了战，而是为了止戈，是社会的一种变相的发展与融合，它使人类历史成为地球村又迈进了一步。

丝绸之路的开辟与畅通

一、卫青、霍去病及张骞初步探索的战与伐

我们回顾人类发展历史的时候，就会发现人类一直在朝着"全球化"的方向在发展，而这种趋势是人类出现以来就存在的现象。当然在这个进程中总是有一些大的历史事件能够起到一种催化剂的作用，譬如说汉匈之战、张骞出使西域、哥伦布发现新大陆等等。

诸如卫青、霍去病时期的汉匈之战，从主观上来说虽然与汉武帝好大喜功的性格有关。但是从另一个方面来说，是汉朝主动对远方、对遥远未知世界的努力探求，从黄土高原出发千里奔袭来到一望无垠的草原，从精米细粮的中原来到生食畜肉的边疆，这中间必将经历难以想象的千辛万苦，但是以卫青、霍去病为代表的祖先对未知世界坚定执着的探索精神是值得我们由衷敬佩的。

有汉之前，丝绸之路上已经有了商旅往来，民间贸易日渐兴盛。但这仅仅是一种自发的商贸活动。在汉代张骞"凿空之旅"后，朝廷认识到了控制西域的重要性，以及保持丝绸之路通畅对内地、西域的意义，加强了对西域的经营。对西域各国，包括欧洲罗马等政权来说，也极力想打通丝绸之路。他们或派遣使节，或依附于某一时期的强势政权，或组织大规模的军事行动，希望能够直接与中国进行贸易和文化交流。居住在西北的各游牧民族，一波一波地兴起，也同样希望能够控制这一连接东西方的大动脉。于是，至少从汉以来，一直存在着中原政权、西域各国、西北游牧民族、欧洲政权的四方博弈。其焦点即是争夺控制连通东西方的丝绸之路。这期间攻守博弈延续数千年，总的来看，中原政权占主导地位。事实上，

也正是当中原政权控制丝绸之路时,丝路是畅通的,东西方的往来交流是活跃的。而当中原政权处于弱势,丝路被西北游牧民族控制时,丝路往往中断,当然只是政府方面的中断。在这种政府层面的中断背后,民间的往来贸易仍然存在,只是其往来变得异常困难而已。在打通丝绸之路,并保障丝路畅通的博弈中,卫青、霍去病等军事将领以及张骞等外交家都不自觉地做出了巨大的贡献。

中国的历史上,内地与塞外之间的关系,不外乎在和与战的关系中来回摇摆。和,双方互为表里,开通贸易;战,有败有胜,各依当时实力而定。秦时,秦始皇派蒙恬率三十万大军北伐匈奴,在今朔州建马邑城,为秦军养马,匈奴退避大漠北部七百里。在西南地区,山西人李冰被任命为蜀守。他不仅治理岷江,修筑了著名的都江堰,而且在担任秦国蜀守时,沿岷江修筑道路至今宜宾,开通了西南蜀、僰之间的道路。李冰任蜀守时开通了僰道,使从成都往南的中心地带进一步向西南延伸,至今云南曲靖,长二千余里。僰道宽五尺,被称为"五尺道"。这条道路的开通,不仅使蜀与云南之间连接起来,而且接通了至滇缅之间的道路,可通往今天的印度。可以说,开通僰道是连通西南丝绸之路的重要举措。尽管汉之前,普遍认为丝绸之路还没有开通,但实际上西域与内地的联系已经十分紧密。

汉立,国力疲弱。据说皇帝的车驾都配不齐四匹颜色一致的驾辕之马,而大臣只能以牛车当步。虽然统一的政权建立了,但内忧外患仍然严重。对外,匈奴趁汉立国未稳,大肆南下,攻城掠地。据美国著名人类学家巴菲尔德研究,汉朝与匈奴之间的第一次直接冲突,是以匈奴对高祖在楚汉战争时期的合作者、后来被封为韩王的韩信驻守的代郡边城马邑的进攻为开端。而此次战役的失败导致了汉时"和亲"政策的开始。当然就像我们上面提到的一样,和亲的公主本身也是中西文明交流的一位重要的使者。

经过文景两朝休养生息、发展生产,汉朝进入一个政治经济发展的兴盛期，史称"文景之治"。国家实力的强盛为汉武帝解决匈奴问题打下了坚实的基础。自此，卫青、霍去病就登上了历史的舞台。

一般关于丝绸之路的研究著作均提到汉武帝派张骞出使西域，开"凿空之旅"，其目的是联合大月氏一起对抗匈奴。后又派使者前往大宛，以求能够得到良马，加强汉军骑兵的实力。后来遭到大宛拒绝，就派将军李广利出西域大宛，控制乌孙，使西域与内地的联系密切起来。李广利两次攻打大宛，分别是在太初元年（公元前104年）与太初三年（公元前102年）。这是在卫青、霍去病与匈奴决战取得决定性胜利之后。这时，匈奴对西域的控制已经比之前要弱。如果没有卫青、霍去病击退匈奴，汉朝难以向西域各国屡屡派遣使者，汉朝与西域比较频繁的联系就不可能实现。但是，研究者却很少甚至不提卫青、霍去病抗击匈奴之事，似乎匈奴与西域没有关系。也许他们认为抗击匈奴主要不在西部，但是，在匈奴控制西域的情况下，不解决匈奴的问题，丝绸之路也就难以通畅，张骞在前往大月氏的道路上历经千难万险，两次被匈奴俘虏就是最好的证明。因为匈奴是当时西域的霸主，大月氏、东胡等等都是它的附属国，同时匈奴是以武力来威慑每一个附属国的，在战争频繁的年代，因为各个路口都被设置了军事路卡，所以这条通往西域的商路是不通畅的。只有结束这种武力征服的时代，换一个喜欢和平的盟主来主持工作，丝绸之路才能得以真正的畅通。

张骞作为东方哥伦布实现了寻找到通往西域的道路的目的，同时他还为汉武帝敬献了一份翔实的西域地域风俗考，让汉武帝对于西域各国有了更加丰富地了解，同时也激起了汉武帝与西域各国进行通商贸易与文化交流的欲望，但是横亘在二者之间有一个巨大的障碍，那就是匈奴。因为匈奴对西域各国的武力威慑，诸如他诛杀了大月氏的首领，并且把他的头颅作为饮器等等凶残的武力行为，致使西域各国不敢再对东方开商路，而东方的商队也无法绕过匈奴到达西域的领域。那么扫清这条道路上障碍的责任就落到了汉武帝出击匈奴的将领身上，以卫青、霍去病为首的抗击匈奴的将领最终完成了这一使命。

前面的章节我们详细讲述了卫青、霍去病出击匈奴的过程,经过卫青七击匈奴,收复了河南之地,并且新建了朔方郡,霍去病六击匈奴,收复了河西之地,使匈奴妇女无颜色,匈奴王庭北迁沙漠,匈奴的战斗力和国力都遭受到了前所未有的打击。由于汉朝这个强敌的存在,匈奴没有时间和精力对其他西域国家用兵,匈奴的霸主地位也在北迁之后瓦解了,如此便为丝绸之路的畅通提供了宽松的政治条件和经济环境。可以说,丝绸之路的通畅,与卫青霍去病的贡献密不可分。

二、张骞二次西征的礼遇

因为出击匈奴战役的胜利,使得张骞得以第二次出征西域。张骞西征以前,西域是中国以外的另一个世界,张骞,这位"中国的哥伦布",耗去了半生的精力和时间,出生入死,再接再厉,终于给这两个世界的人民开辟了一条交通的道路,使他们逐渐由互相了解而达到互相团结与融合。他这种历史成就,西汉的民众看得很清楚,所以极力称赞他的"凿空"(开辟道路之意)之功,一般西域的国王和臣民,也都把他看作是"信义"和"仁爱"的代表,十分信赖他、敬重他、爱护他,绝没有人对他抱有丝毫的嫉视,或采取一点敌对的行为,他成了当时各国的贵宾和好朋友,也成了强大富庶而且肯扶助弱小的汉朝的形象大使。所以他不但开辟了中国和西域的交通,还能运用在西域所建树起来的国际信誉与声望,保障在他死后出使的汉人都可以借助于他的声望以取信于西域各国,真可谓是"信孚中外"了。张骞能够取得如此高的成就,都是因为卫青、霍去病出征匈奴宣扬了汉朝的综合国力,西域各国都对富庶、强大又能和他们和平贸易往来的汉朝充满了好感,所以张骞的第二次西征之旅与第一次便有着天壤之别。匈奴这个巨大的障碍扫清了,在匈奴两旁遥遥相望的东西方便可以顺畅地通商和交往了。

张骞逝世之后，汉朝和西域的使节往来更加频繁，加强和西域各国的联系以围困匈奴的需要，也愈加迫切。汉朝为了保障这条从中国通西域的道路不受匈奴人的侵扰，自匈奴浑邪王来降后，就招乌孙东归故地，乌孙不来，便在其地设置了张掖、酒泉二郡，徙内地人民实边，这也从客观上促进了汉族和乌孙的民族融合。其后分置武威、敦煌二郡，是为河西四郡，四郡南有祁连山，北接沙漠，地理学家称为中国通西域之"天然走廊"，又称"河西走廊"。北边沙漠一片，毫无屏蔽，随时可受匈奴人的袭击，汉武帝将秦代所修长城，自令居（县名，今甘肃永登县境）向西北延筑至酒泉，汉代称为"塞坦"，沿河西四郡之东筑至居泽，泽旁筑有受降城。在河西四郡之西，置玉门、阳关二关，为通西域之门户，塞上多筑堡垒，以驻戍卒。河西四郡的南面便是西羌，汉武帝遣将军李息统兵讨平西羌，置护羌校尉统领西羌，"河西走廊"南面之威胁，亦告解除。至此，河西走廊畅通无阻。

张骞死后，汉朝更派遣许多使节到安息、奄蔡（中亚北部）、黎轩（罗马之一部）、条支、身毒等国。因为汉武帝喜欢汗血马，派往大宛的使者，更是相望于道。当时汉朝派往西域的使节，每一批的人数，多时可到几百人，少时也有百余人，所携带的财物，大体是仿照张骞出使的规模，每年派出去的使节，多时可到十几批，总数有几千人，少时也有五六批，路远的八九年才能回国，近的也要几年才能回国。当时匈奴人的势力被迫西移，在西域的势力更大于往日，西域各国对于匈奴的使节，是无条件地恭顺，汉使则是靠了厚重而珍贵的礼物才换来西域各国的欢迎，后来来使日多，汉朝的财物，大量流入西域，西域各国对于汉朝的钱币货物都感觉到轻视，也就不十分尊重汉使了。再加上因张骞出使西域显贵以后，有许多吏卒争着上书求使西域，汉武帝一般都有求必允，或予节使充正使，或充副使，致使汉使的品类日杂，其中竟夹杂了许多"妄言无行"之徒，他们主要的目的是去发财，对于国家的名誉和信用，都不知爱惜，使西域各国怀疑汉使的动机。于是，西域各国便愈加慢待汉使，甚至认为汉朝距西域路远，无法派兵，拒绝供给汉使的饮食。汉使因供绝怀恨，也往往和西域各国发生冲突。尤其楼兰恰好位于大道旁，攻劫汉使尤甚，他们还当作匈奴的耳目，使匈奴的骑兵能够很轻易地袭击汉使。汉使向朝廷报告受劫的经过，于是汉朝经营西域的方式，便由纯外交的方式而进入"军事行动"的阶段了。可见国力的强盛和军事的强大，才是外交和经济活动能够顺利进行的重要保障。

西域各国，本来都属匈奴管辖，今竟多通使于汉，匈奴自然不甘心。自霍去病去世之后，匈奴得以休养生息了多年。看着自己之前在西域的地位被汉朝所取代，匈奴自然不服。很快，楼兰和姑师受了匈奴的唆使，来破坏汉朝和西域的交通，也为汉朝所不容。汉朝与匈奴争夺西域由外交战发展到武力战，为成为必然之趋势，楼兰和姑师，不幸成了汉朝用兵西域的第一个目标。

三、丝路畅通的最后一道关卡——大宛之战

在元封二年，汉武帝遣赵破奴率数万骑威胁匈奴，匈奴北遁。第二年破奴率众出击姑师，先由王恢率轻骑七百余作先锋，出其不意，虏楼兰王，汉兵继破姑师，展示了兵威，威胁乌孙、大宛等国，不久，乌孙与汉和亲，大宛诸国，也派遣使者来汉。楼兰王质子入侍于汉廷，同时并入侍于匈奴，可谓汉与匈奴共管楼兰。

后当贰师将军伐大宛时，匈奴又同楼兰谋划截断汉军后路，以援助大宛，被汉军发觉，擒楼兰王以归，其王因介居大汉与匈奴之间，无法自全，愿徙全国人民于内地，汉武帝怜而放还归国，后楼兰针对汉匈的实力变化局势，对汉仍叛服无常。汉昭帝元凤四年，傅介子刺杀楼兰王，改名鄯善，善始完全内附。

汉武帝第二次用兵西域，就是历史上极著名的"大宛之战"。原来大

宛的汗血马，是西域顶出名的特产。汉武帝为了要购取大宛善马，曾经派了许多使臣去交涉，大宛国王不应允，并把善马藏在贰师城，不让汉朝使者看到。后由汉武帝派人持千金及金马去换取贰师城的善马，大宛国王仍认为汉朝绝不能派兵到大宛，不但不换，还派郁成王截杀回国的汉使，取其财物，于是讨伐大宛的战争爆发了。

这是一次规模相当的国际战争，汉武帝在太初元年，派李夫人的哥哥李广利为征大宛的"贰师将军"，意思是希望到贰师城取大宛的善马。发动属国六千骑及郡国不事生产的游民数万人伐宛。因为沿途给养困难，损失颇大，大军到达郁城，已只有数千人，并饥疲不堪，最终没有攻下都城。李广利在太初二年引兵返回，抵达敦煌时，所余士兵仅为原有数目十分之一二，上书请求罢兵，俟补充后再进兵。汉武帝看到这个报告，勃然大怒，派人堵住玉门关口，并且命令守关的人道："军队当中有敢擅自入关的，便斩了他！"

本来汉兵进攻大宛，确实是一件非常艰苦的事，主要是运输非常困难，恰巧在这一年的夏天，攻破姑师的赵破奴又被匈奴俘去。汉朝损兵二万余，所以汉廷的公卿都主张罢征大宛，但是，为了保持汉朝在西域的威信和执行围困匈奴的计划，这个战争又势在必行。所以汉武帝在贰师将军首战失利的情况下加强了对军队的补给。汉朝为了防止匈奴从汉军背后袭击，更发配驻守酒泉、张掖的戍甲卒十八万人去守居延、休屠（居延县属于张掖郡，休屠县属于武威郡），以保卫"河西走廊"的交通。又发动全国的所谓"七科谪"（包括吏有罪者，亡命者，赘婿，贾人，故有市籍者，父母有市籍者，大父母有市籍者）充作贰师将军的后备队，从全国各地动员的物资和人员，络绎于途，直达敦煌！这么广大的战争动员，当然是"天下骚动"的。但为了争取战争的胜利，这种动员是无法避免的。所以，当这一支大兵团进入西域以后，一般沿途的小国，纷纷供养饮食，完全改变了李广利第一次征大宛经过这些地方时的态度,中间仅有轮台(今轮台县)不降服,被汉兵攻下,自此而西,直至大宛,一路无阻,可见汉朝这种大规模的动员对西域各小国,已经收到"不战而屈人之兵"的功效了。汉朝的军队除掉沿途伤亡及后续部队外,首先到达大宛者有三万人,大宛的军队迎击汉兵,汉兵大败之。大宛的大臣们便杀掉大宛国王毋寡,持其头以献,并答应尽出善马与汉,以求降。李广利因为听到康居要来援助大宛,更怕万一逼大宛人过甚,大宛人会先把所有的善马杀掉,汉兵一无所得,便接受了大宛的投降。大宛人便把所有的善马全部献出,令汉自择,并拿出饮食犒赏汉军,汉军的执马校尉选取了大宛最好的马(即汗血宝马)数十匹,中马以下牡牝三千余匹,并且选了一个过去对待汉使最好的大宛贵人昧蔡为大宛国王,两国订盟,汉兵班师回朝。顽抗的郁城也被汉兵攻破,郁城王只身逃到康居,汉派上官桀追到康居,康居本来是准备去支援大宛的,听到大宛已降,把郁城王献出,郁城王途中被杀。

汉武帝讨伐大宛的战争,费时四年之久(从公元前104年到公元前101年),伤亡以万数,全国骚然,但所收到的战果,十分伟大,首先值得一提的是上面已经讲到的那几十匹"汗血马",最初汉武帝用《易经》占得当有神马从西北来。后得乌孙良马,名曰"天马",得大宛"汗血马"较乌孙马又良,更名乌孙马曰"西极马",名大宛马曰"天马",汉武帝为了纪念天马的获得,作"天马歌",让大家传诵。后大宛又与汉订约,每年进献天马两匹,但天马的获得,并不是这次对外战争的重要战果,只能说是这次战争的战果之一,甚至仅可视为此次战争的"胜利象征"!总计此次战争所收到的伟大战果有三:

(一)西域各国的慑服:从前西域各国都认为匈奴最强,后来虽然渐渐知道汉朝的强大,但总认为汉朝距西域辽远,无法派兵到西域,所以都畏服匈奴,对汉采取漠视态度。经过此次战争,汉兵远出,匈奴未能救援大宛,西域各国遂改畏服匈奴之心理。在贰师将军李广利率兵东归时,道旁小国，纷纷派遣子弟来汉廷贡献，因留人质于汉朝，如大月氏安息等大国，也多遣使来汉贡献。汉使到达西域，工作进行也较前顺利万分。

（二）设官屯田的开始：经过此次战争后，汉朝的势力由敦煌向西发展，一方面在从敦煌到盐泽路上开始设置驿站，一方面在轮台、渠犁（今尉犁县北之库尔勒附近）置屯田士卒各数百名，置使者、校尉、领护，名义上是为了保护并供给汉朝的使者，实际上是为了执行一般经营和统辖西域日常业务的。

（三）匈奴势力的穷尽：汉朝伐匈奴的进展方向，是自南而北和自东而西的。经过卫青霍去病的几次穷追深入，漠南无王庭，河西四郡设置后，匈奴的势力更被迫向中亚迁移。尤其在此次战争结束后，匈奴已完全失掉侵略力量。

汉武帝更想乘胜利的余威实行迫使匈奴投降的政策，特下诏曰："高皇帝遗朕平城之忧，高后时，单于书绝悖递，昔齐吴公复九世之雠，春秋大之！"意思是说，匈奴曾围困汉高祖并侮辱吕后，现在替他们复仇的时机到了。新立的单于也明白汉朝的强大可怕，特别向汉朝表示恭顺，把从前被拘留不肯投降的汉使路充国等送还汉朝，还向汉朝自称为"儿子"。承认了汉朝的强大，并自居于附庸地位！这时候，距汉高帝被困于白登，恰为时一百年，距张骞第一次西征，将近四十年，距汉武帝第一次设谋诱击匈奴仅三十二年，整个东亚和所谓西域国际形势彻底改变了。

这是汉武帝用兵域外和张骞经营西域所获得的军事方面和政治方面的总成就，汉代的国力巩固了，政治影响扩大了，汉族的辉煌文化，传遍了亚洲大陆。它自身也因为吸收了西方文化的因素更加充实，所以，这种成就是汉族的也是全人类的，至少是亚洲民族所共有的成就。

尤其是匈奴的臣服，肃清了沟通汉朝和西域诸国商路上的障碍，使丝绸之路在大宛之战后可以畅通无阻，除了官方的贸易，民间的贸易和往来也逐渐增多，使世界向地球村的发展又更近了一步。可以说这条丝绸之路的畅通，是集结了卫青、霍去病、张骞、李广利等战将和外交家的鲜血和拼搏筑成的，没有他们的艰辛付出，就没有丝绸之路的畅通无阻。

西域各国与大汉互通有无

一、匈奴各族学习汉族的文字

在卫青、霍去病与匈奴征战的过程中，为了加强边防曾经几度移民实边，尤其是新的郡县建立之后，这些边界的人民和匈奴族因地理位置临近的原因，自然就会发生贸易和通婚等民间活动，通过民间活动会产生文化的交流。中行说、赵信等的投降，给匈奴带去了汉族文化。匈奴人开始学习汉族的文字和语言。而汉人也开始学习匈奴族的服饰和饮食习惯。

这类人物，除了上述韩王信和赵利、王贵外，还有在高帝晚年谋反的代相陈豨和燕王卢绾。最能帮助匈奴侵略汉朝的汉人，是汉文帝在公元前174年派往匈奴护送和亲公主的宦者中行说，他是燕人，开始便声明不愿承担护送公主到匈奴的职责，朝廷勉强要他去，他便郑重宣言：

必我行也，为汉患者！

他到达匈奴之后，果然投降匈奴，单于十分亲幸他，他便作了匈奴侵略汉朝的谋主。他是一个知识分子，曾经用外交礼节和外交辞令折服汉使，替匈奴争取了许多外交仪文上的胜利，他更建议匈奴人切勿重视汉朝的缯絮和食物，以免匈奴人的生活由汉化发展到腐化。他对匈奴最大的贡献，是把中国文字的使用介绍到匈奴，原来匈奴族是"无文书，以言语为约束"，这句话虽然不能证明匈奴人根本没有文字，却可说明文字的使用不广,他开始教单于左右"疏记,以计课其人众畜物",即教匈奴人用文字记载,并对所有的人民畜物作调查统计和征收的工作。而这种文字的大量使用,我们很有理由可以相信就是中国文字的使用,而不是使用原来的匈奴文字。

二、葡萄美酒等物产的传入与输出

谈到卫青、霍去病出征匈奴及张骞凿空之后中西文化交流的情形,更是令人欣喜和兴奋的事情,唐代诗人王翰在他的一首绝句"凉州词"里面写道:"葡萄美酒夜光杯,欲饮琵琶马上催",葡萄美酒是极好喝的,在通西域以前,中国不但无葡萄美酒,连葡萄也没有,中国的葡萄种子,就是由张骞或者是他以后的汉使从大宛带回来的。其他,如苜蓿来自大宛,胡椒来自天竺,石榴来自安息,又如胡麻、胡豆、胡蒜、胡荽、胡瓜、胡桃、酒杯藤等植物,据历史记载,都是张骞和在他死后不久去西域的汉使从西域带回来的。汉朝通西域之后,宫廷里面充满了各种来自西域的珍奇。据《汉书·西域传》上记载汉武帝在张骞通西域之后,他的宫廷里摆放着如下物品:

> 明珠、文甲、通犀、翠羽之珍,盈于后宫;蒲梢、龙文、鱼目、汗血之马充于黄门;钜象、师子、猛犬、大雀之群食于外囿。殊方异物,四面而至!

在艺术方面,有种名叫"横吹"的乐器,据说是从西域带入中国的,最初中国人只能用这种乐器作一个名叫"摩诃兜勒"的曲子,后来汉武帝的乐工李延年根据这种胡乐创造了新声二十八解。汉武帝便称之为武乐(就是军乐),这种"横吹"和"摩诃兜勒"曲子,据后人考证是从印度传来的。关于中国绘画的风格,一般历史学家都承认汉武帝以后的汉书,渐改古代朴陋生硬之风,渐臻自然精致,是因为受了从西域间接传入的希腊文化的影响。汉武帝时,安息人献黎轩(即黎轩)眩人(玩魔术的),是西域百戏输入中国之始。此外,如汉代的土器、石刻和铜器的制造,也都是直接或间接地受了西域文化的重大影响。

至于中国文化在凿空后大量输入西域,更不待言,举一个最明显的例子,汉朝的乌孙公主出嫁的时候,从汉朝带去了一切日常用品和几百名随员,她到达乌孙之后,又修盖了一所汉式的宫室,她的生活方式,完全是汉式的,这种生活方式的输入和维持,对于乌孙游牧民族将会发生多大的影响,读者是可以想象得到的。汉代宫廷用的青铜镜,也是由和亲公主带到西域的。紧接着,大宛之战爆发了,据中国历史记载,从前大宛人是根本不曾凿井的,西征的汉人教会了他们穿井,从此大宛人饮水灌田,才不完全依靠河流。中国历史上还记载,从前大宛以西诸国人不会铸造铁器,也是由于与汉的争战交流,教会了他们做兵器,进而他们才用铁做农器,这虽然好像是一个不大值得注意的传说,但假使认为中国文化在张骞凿空之后曾大量流入西域,而且发生巨大的影响,这是任何人都不会也不能否认的。

最后谈一下张骞凿空后中西国际贸易进行的情形。虽然张骞两次被派往西域的主要任务,是外交和军事的,但是起到的经济和商业作用不比军事外交的成绩差。由于张骞凿空后东西交通的开辟,汉朝和西域的经济关系较前更加密切,也是铁的事实,本来在张骞凿空以前,希腊人已经知晓了东方有个"丝国"(Seres or Seia)。张骞到达西域的时候,四川的土产(竹杖和布),更已经出现在中亚的大夏,这充分说明和西域的开始通商,远在张骞凿空以前。

但这种通商,大多是间接的或偶然的,大多时候由匈奴或西南夷作媒介,至于中西的直接交易和大量通商,则自张骞通西域始。张骞第一次出使西域的时候,六百多匹马和成万匹牛满载着丝织品和其他的财物,作为他的"政治资本",后来更由他带回了许多国家的贡献,也算是一种变相的商业行为。他死后,汉朝派去西域的使节各色人种都有,多半是半使半商的人物,他们扩大了中西贸易的范围。等到大宛之战结束后,汉朝开始在西域设官屯田,纯商业性质的国际贸易更加发达。尤其丝和丝织品贸易,是最发达的。中国的丝和丝织品,先到大月氏、安息等国,最后再转运到欧洲。

煮酒论英雄

> 缺乏尚武精神
> 一人之下，万人之上
> 同情悲情英雄
> 时刻警惕功高盖主

英雄是让人所敬仰的，但是他们的人生却是成也容易，败也易。卫青和霍去病在中国古代史上所取得战绩是空前绝后的，但是他们的声名却远不如后世的一些将领，而这也恰恰反映出中国历史的某些特殊现象。

缺乏尚武精神

尚武精神是中华优秀传统文化的重要组成部分。先秦时期是中国尚武精神最为集中的时期，先秦的中国，诸国争雄，竞争激烈，尚武之风炽盛。民间习武盛行，教育重视武备，日常礼仪渗透尚武崇勇，女子习武等。"有文事者必有武备，有武事者必有文备"，尚武精神是孔子思想的重要组成部分。六艺包括礼、乐、射、御、书、数，其中前四艺都是尚武精神的重要体现。秦帝国以武立基，武力建国是秦人成功的不二法则。而到了西汉以后，当儒家思想确立为中央集权的统治思想，以道德立国，轻视以兵立国，以仁义化育天下，而不是以武力强制天下，对战争暴力持一种谨慎乃至厌恶的态度，这是中国传统军事文化观念的核心和特点。"好汉不当兵，好铁不打钉"是当时主要的社会风尚。

梁启超认为尚武精神的实质一是以当兵为荣，二是有不怕死的精神。春秋战国时期是我国尚武精神最为浓厚的时期，从军是贵族的权利，国人都以当兵为荣誉。秦始皇统一中国后，由于国家处于大一统的状态，加上统治阶级的抑制，民族的尚武精神逐渐淡化，军人地位也大不如前，当兵的权利从贵族阶层下移到劳动人民，甚至成了无赖小人的专利。梁启超于1904年编写了《中国之武士道》一书，书中辑录了自春秋至汉代七十位"好气任侠"者的故事。

在古代社会有繁重的赋税和劳役，兵役也是一个躲不过的差事。汉乐府中记载的"十五从军征，八十始得归"，纵然有夸张的成分，但也反映了军旅生涯的艰辛和苦楚。越是经济基础薄弱，越是承担不起要钱要人的兵役。普通民众并没有从军报国的雄心壮志，大多是碍于兵役的征伐，又拿不出赎金来，无路可走，不得已而入军营，当然也有个别是为了逃避繁重的赋税和劳役，而自愿入伍的。所以当兵俱是在苛政猛于虎的年代被逼无奈的选择，很少有士兵以当兵为荣耀。当然也有少数人与他们是不同的，在古代社会军功和文治均是臣子们能够飞黄腾达、光耀门楣的手段，尤其是在战争年代，军功似乎比文治走向成功之路更迅速。这也是平民子弟们逃脱沉重的赋税成为皇帝的臣子，进而保卫自己家族的一种重要手段。很显然卫青和霍去病选择的就是军功这一条道路，他们走得也非常成功，但是这成功是短暂的。他们早已过了春秋战国时看重军功的时期，也就是以军功晋身为贵族的时期，项羽的时代已不复存在。他们所统帅的大都是匈奴的俘虏和一些逃避赋税的贫民们，他们只是希望用军功来糊口，而没有战国时保家卫国的贵族精神，所以作为这样一群人的领袖没有人会为他们歌功颂德，同时碍于武帝的权威，他们又不敢收养门客，以至于连个为他们书写战功的文人故吏都找不到。所以他们的战功虽然前无古人后无来者，即便他们已经官至大司马，但是在氏族的眼中，他们依然是暴发户，没有文化的积累和沉淀，没有贵族精神的留存，他们的后代很快昙花一现退出了历史舞台。相反像李广，虽然他的军功比不上卫、霍，但他是关中李氏的象征，他身上流淌着贵族的血液，他代表着贵族阶级的荣辱，所以他的成功与否和整个贵族精英阶层休戚相关，所以司马迁对于李广的自刎自然会生出诸多遗憾之情。对于卫霍只是将其放在武帝的一颗棋子的地位，棋子的成就就算再璀璨夺目，也融入不了贵族精英的眼中，所以他们在历史上的成就短暂是必然的。中国古代社会历来喜欢有文化有根基有情怀的军人，诸如南宋的岳飞和辛弃疾，因不得志郁郁寡欢而写下了诸多的军旅诗文，但是他们代表了知识阶层的立场与风骨，所以虽然他们在战场上并不如意，也被树立为成功的楷模。因为中国的史书是知识阶层来执笔的，他们喜欢和他们一样有文化有根基的军人，虽然俱是帝王的打工者，但是在他们的眼中，这样的军人才是军队中的真正的英雄。而那些布衣将相在他们的眼中反而是暴发户，无法进入精英的视野。而这也是虽然霍去病用尽浑身之力打造了封狼居胥的神话，声名和威望却比不上差点跻身为贵族阶层的弟弟霍光的原因之一吧。

一人之下，万人之上

在西方世界里，诸如古罗马帝国等，都是军政一体的组织，元首既是政治组织的头领，也是军事组织的头领，元首的生活大多也是在马背上度过的，如古罗马帝国的亚历山大，每次东征他都是战役的指挥官，也正因为是国家元首坐镇，所以在史书的记载上，史官们自然会把他的功绩浓墨重彩地书写。公元前356年，亚历山大诞生，他就是后来闻名全球的马其顿王国（亚历山大帝国）国王。他是世界古代史上著名的军事家和政治家，是欧洲历史上最伟大的四大军事统帅之首，他的一生是在马背上征伐的一生，他御驾亲征出征波斯，南下叙利亚，直到埃及，远征印度，先后统一希腊全境，进而横扫中东地区，不费一兵一卒而占领埃及全境，荡平波斯帝国。世界四大文明古国收复其三，征服全境约五百万平方公里。在短短的十三年时间里创下了前无古人的辉煌业绩，他发展了古希腊的军事体制和方阵战术，创建既能乘马又能徒步作战的"龙骑兵"；战略上，决策果断而灵活，善于利用有利态势孤立和打击敌人；战术上，重视步骑协同，发挥骑兵的突击作用，善于出敌不意和大胆穿插、迂回包围。常能以少胜多，速战速决，把古代军事技术发展到一个新的阶段。遗憾的是，他和霍去病一般都是英年早逝的青年才俊，他们的死因在史官的判断里也极为相似，霍去病被怀疑是误喝了匈奴的水导致了慢性中毒，而亚历山大大帝也被史官推测是中毒身亡，这位叱咤欧亚大陆的盖世英雄在公元前323年6月10日因莫名的高烧而戛然离世。因为马其顿王国军政一体的特殊组织制度，他的离世也造成了国家的动乱，曾经兴盛一时的马其顿王国随着他的去世也很快解体了。

而在中国的历史上军政大权是分开的，汉初，行三公九卿制。三公中，丞相辅佐皇帝处理天下大事，太尉为最高武职，执掌天下军政事务，但不行军令之权，相当于皇帝左右的最高参谋长。御史大夫佐丞相统理天下。九卿中，光禄勋（郎中令）统领诸郎，卫尉统辖卫士，中尉（执金吾）统率中尉卒，共同负责皇宫和京师治安。地位显要的军事长官还有大将军、骠骑将军、车骑将军、卫将军及各种名号的将军，皆掌征伐。武帝时，削弱丞相为首的"外朝"权力，罢太尉官；加重"中朝"地位，置大司马以冠将军之号。卫青、霍去病分别担任大司马大将军、大司马骠骑将军,《文献通考》卷五十九云:"大将军内兼国政,外则仗钺出征,其权远出承相之右。"意思是说大将军主要掌管军务,并不过多参与朝廷政治,反而是天子的宾客挂着侍中头衔参与政治。直到霍光时才用大司马大将军的名义当政,权力在宰相之上。

汉为巩固和加强中央集权,建立了全国统一的军队,并置于皇帝的严格控制之下。凡有大的战争,则由皇帝颁诏,以虎符或"符""节"为凭,征调各地军队出征;选择全军主帅和各路统帅,以大将军、骠骑将军、卫将军等充任,将军开府置幕僚,组成指挥机构。同时汉朝延用古代的监军制度,大多派遣中郎官和近侍来监军。

大将军、骠骑将军对于军队是没有绝对统领权的,在战时才能拥有短暂的权力。而且即便在战时,皇帝也可以通过快马加鞭下达谕旨来左右军队的作战方针,当帝王的意志与将军的见解不一致的时候,便会发生将在外君命有所不受的事,但是毕竟这样的情况是极少数的。

虽然中国的武将像卫青、霍去病一生征战沙场、戎马生涯,但终究是为帝王服务,他们的成就和西方的亚历山大、凯撒大帝不可同日而语。但是在战术、战略、勇气方面,却是旗鼓相当的。这是中西方军事制度的差异造成的结果,不是个人所能左右的。

同情悲情英雄

中庸是中国儒家思想的精粹,儒学倡导大家要忠恕宽容,要求人们将心比心,相互谅解、相互关心。儒家所推崇的"不忍人之心""恻隐之心"也都是同情弱者的一种表现。所以影响到中国人对于英雄的观念里就有同情悲情英雄的情怀。

中国历史一直有同情悲情英雄的情怀,主要同情那些有大本领,却因为敌人耍不光明的政治手段而导致失败的英雄。诸如诸葛亮和项羽、岳飞三个人在古代中国历史人物中，都是有大本领的人，但是诸葛亮的蜀国伐魏失败，项羽的西楚为刘邦的汉灭亡，岳飞北伐被赵构十二道金牌召回，为秦桧所冤杀，他们离成功都很近，但因为各种不得已的原因失败了，是让人可惜和遗憾的。所以我们不是同情失败者，是后人为有真才实学但是因时运不济而怀才不遇的英雄感到惋惜，后世的一些历史著作也为他们立书作传以正名。因为史书的不断正名，项羽、诸葛亮、岳飞也相继登上了英雄谱的序列。

同样在西汉一朝也有一位悲情英雄，那就是飞将军李广。他是中国历史上著名的将领，是中国古代所有射箭能手的代表，在中国的野史著作中，形容某位英雄的骑射功夫了得，就用小李广、赛李广一类的绰号。同时因为王勃"冯唐易老李广难封"的绝句，谚语似的流行在文人豪士之间，使得李广的名声经久不衰。

李广历经文帝、景帝、武帝三朝，他最大的功绩在于精湛的骑射之术，史书上描述他竟能一箭射到卧石中，可见其臂力之强劲。他的骑马技术也很好，匈奴人称他为飞将军。他在文帝一朝入伍时，充作文帝的郎骑常侍，屡次随从皇帝射猎，格杀猛兽，更有不少惊人的表演。

但是李广的勇武只限于个人英雄的范畴，他将兵四十余年，大小七十余战，是一个以防守和进攻匈奴著名的骁将，他治军极为宽松，是一位谦和的领导，但是在战略战术方面，他又是一个常败将军。元光六年，他奉命为骁骑将军，出雁门，参加了所谓四将军的联合出击，最终的战果是"失亡多，为虏所生得"，当斩，赎为庶人。在元朔六年，他参加卫青的出击，为后将军，又无功，到元狩四年，他以前将军参加卫青的第七次出击，因失道迷途而自杀。由此可见李广的战略战术并不适合武帝一朝对匈奴的进击战，同时他年纪又大，对于新的战争形势不适应，但因为他是三朝元老，对自己的工作又很上心，所以武帝每次出征都会让卫青带上他，但是他每次征伐折损率太高，不但无功反而有过，按照汉朝的律令能保住性命已经是万幸，更别提封侯了。当然李广难封只是他个人的问题，李广的小儿子李敢随霍去病征讨匈奴，因夺左贤王鼓旗，且斩首多，由校尉升至郎中令，并封关内侯。而且李广为人也算不得光明磊落，他私受梁王绶印，已经成为武帝不信任的人，卫青、霍去病也不会傻到和一个不受武帝器重的大臣过不去。所以李广难封，是李广自己工作不力造成的，司马迁乃至后世的文豪皆对其抱遗憾感慨的态度，也是因为对悲情英雄的同情所致，进而联想到自己的怀才不遇，同病相怜的气息便愈发地严重了。而卫青、霍去病浴血奋战、一战封侯，比起他们来，在文人墨客的眼中便是成功得过于容易，所以历史上在文人墨客的笔下，对于卫青、霍去病这样战功彪炳的英雄反而着墨不多。而对于李广、岳飞、辛弃疾这些悲情英雄则是大书特书。

时刻警惕功高盖主

辛弃疾有一首著名的诗篇"了却君王天下事；赢得生前身后名"。从这首诗篇中我们可以看出与西方不同的是，中国的将领都是为君王而战，而非为自己的信仰和荣誉而战，这是中西方不同的国情和文化习俗造成的。中国古代社会是一个君本位的社会，也是一个中央集权的社会，越是才华卓绝的帝王，越是把权力把控得牢固。帝王最需要的是他的左膀右臂，在这些左膀右臂里面既有文臣，也有武将。这些文臣、武将们在辅佐君王走上大一统的道路上都是立下了汗马功劳的有功之人。但是一旦权力稳固之后，这些功臣们便开始成为帝王的眼中钉、肉中刺，于是乎一个著名的成语就出现了，那就是"功高盖主"，同时也因为这功高盖主，让历史产生了无数不解之谜。

所谓的功高盖主大部分都是针对武将的,武将们手握着足以令主上忌惮的军权,同时古代社会军事组织的布置,和军人特有的服从精神,尤其是常年在外征战的将士,只知有将军,而不知有主上,故而纵然将领们没有造反之心,主上们也将其视为心头之患。所以在历史上不断地上演了诸多狡兔死、走狗烹的故事,最著名的有西汉初年的韩信。初始刘邦为了得到韩信这个爱将,上演了一出让历史动容的萧何月下追韩信的故事,而韩信也不负众望,他是我国古代史上最善于灵活运用兵法的一个将军,为我们的历史留下了"明修栈道、暗度陈仓"等优秀的历史典故。但最后当刘邦登上了帝位,韩信等诸位武将都免不了狡兔死、走狗烹的下场。韩信于公元前196年,被萧何和吕后诱骗,最终遭杀身之祸,并且被诛三族。这就是历史上被人所津津乐道的"成也萧何,败也萧何"典故的由来。

在这一系列的冤案中,最为冤屈的当属南宋岳飞以莫须有的罪名被杀,春秋战国时的白起被楚昭王逼迫自杀,临死时高呼:我何罪于天下耳?

在这一系列功高盖主的案件里,最轻描淡写、最识时务的当属北宋年间赵匡胤的"杯酒释兵权",没有见一滴血,就把众武将都卸甲归田了,真是兵不血刃不战而屈人之兵。

帝王的意志决定并且奴役着臣子的意见,尤其是武将们为了避免功高盖主,为人处世均韬光养晦,不敢暴露自己真实的想法和看法,所有的战功都归功于帝王的英明决策。在战场上叱咤风云的武将均不能展现自己的真性情与真豪情,这是中国武将的悲哀,也是中国英雄的悲哀,所以我们都将对英雄的敬仰诉诸武侠小说之中,其实古代武将的真性情和故事远远比小说要动人得多,历史远远比我们想象的要精彩。

卫青传略

卫青，字仲卿，河东平阳（今山西临汾市）人。西汉时期名将，汉武帝第二任皇后卫子夫的弟弟，汉武帝在位时官至大司马大将军，封长平侯。

卫青的母亲卫媪，是平阳侯的家奴。卫媪与来平阳侯家中做事的县吏郑季私通，生了卫青。卫青幼年时期在生父郑季家中生活艰苦，整日里以放羊为生，被当成奴仆一样虐待。稍大一点后，不愿再受郑家的奴役，便回到母亲身边，做了平阳公主的骑奴。

建元二年春，卫青的三姐卫子夫被汉武帝看中，接入宫中，卫青也同时在建章宫当差。建元三年，卫子夫有孕，引起了陈皇后的嫉妒。其母馆陶公主派人捉了正在建章（后为建章宫）当差的卫青，意图杀害。同僚公孙敖听到消息后率人赶去救下卫青。汉武帝得知此事，大为愤怒，立刻任命卫青为建章监、侍中，封卫子夫为夫人，卫长君为侍中。数日间连续赏赐卫青，多达千金。卫青后又被任命为太中大夫，俸禄千石，掌管朝政议论。公元前138年到公元前129年近十年间，卫青作为建章监和侍中，跟随皇帝左右，和他一起听闻朝政，后又成为太中大夫，足见其才干深得武帝信任，为后来七征匈奴，甚至任大司马大将军为内朝参决政事、掌枢机打下了良好的基础。

元光六年，卫青首次出征匈奴，揭开了汉匈战争汉朝反败为胜的序幕。卫青果敢冷静，深入险境，直捣匈奴祭天圣地龙城，首虏七百人，取得胜利。另外三路，两路失败，一路无功而还。汉武帝看到只有卫青凯旋，封卫青为关内侯。龙城之战是自汉初以来对战匈奴的首次胜利，为以后汉朝进一步的反击战打下了良好的基础。

元朔元年秋，卫青为车骑将军出雁门，领三万骑兵，长驱而进斩首虏数千人。该战役为卫青第二次出击匈奴。

元朔二年，卫青率大军进攻匈奴盘踞的河南地（黄河河套地区），采用"迂回侧击"的战术，绕到匈奴军的后方，迅速攻占高阙（今内蒙古杭锦后旗），切断了驻守河南地的匈奴白羊王、楼烦王同单于王庭的联系。而后，卫青又率精骑飞兵南下，进到陇县西，形成了对白羊王、楼烦王的包围。汉军活捉敌兵数千人，夺取牲畜数百万之多，控制了河套地区。此役汉军全甲兵而还，卫青立有大功，被封为长平侯，食邑三千八百户。苏建、张次公以校尉从卫将军有功，获封平陵侯、岸头侯。

元朔五年春，朝廷命令车骑将军卫青率领三万骑兵，从高阙出兵；命令卫尉苏建做游击将军，左内史李沮为强弩将军，太仆公孙贺为骑将军，代国之相李蔡为轻车将军，他们都隶属车骑将军卫青，一同从朔方出兵；朝廷又命令大行李息、岸头侯张次公为将军，从右北平出兵，几路合击攻打匈奴。晚上，卫青又采取突袭政策，包围了右贤王；右贤王大惊，连夜逃跑，同他的一个爱妾和几百个精壮的骑兵，急驰突围，向北而去。汉军俘虏右贤王的小王十余人，男女一万五千余人，牲畜达千百万头。汉武帝接到战报，派特使捧着印信，到军中拜卫青为大将军，加封食邑六千户（汉书八千七百户），所有将领归他指挥。卫青的三个儿子被汉武帝封为列侯。长子卫伉为宜春侯，次子卫不疑为阴安侯，幼子卫登为发干侯，均加封食邑一千三百户。汉武帝随后又封赏了随从卫青作战的公孙敖、韩说、公孙贺、李蔡、李朔、赵不虞、公孙戎奴、李沮、李息、豆如意等。

元朔六年春、夏，迎来了卫青的第五、六次出击。卫青为大将军两次领十万骑兵出击匈奴，歼灭匈奴军过万。以公孙敖为中将军，公孙贺为左将军，赵信为前将军，苏建为右将军，李广为后将军，李沮为强弩将军，分领六路大军，统归大将军卫青指挥，浩浩荡荡，从定襄出发，北进数百里。战后全军返回定襄休整，一个月后再次出塞，斩获匈奴军一万多人。张骞随从大将军出征，获封博望侯。卫青的外甥霍去病此战独自领八百骑出击，俘虏匈奴单于的叔父和国相，斩单于的祖父等二千零二十八人，封冠军侯。大将军赏千金不益封。

元狩四年春，卫青开始了征战生涯中的最后一次出击。汉武帝以十四万匹战马及五十万步卒作为后勤补给兵团，授卫青与霍去病各率领五万骑兵、步兵和运输物资的军队十万余人，兵分两路，跨越沙漠长征出击匈奴。汉军原计划由霍去病先选精兵攻击单于主力，卫青重点出击左贤王。后从俘获的匈奴兵口中得知伊稚斜单于在东方，两军对调出塞线路，霍去病东出代郡，卫青西出定襄。

卫青大军出塞一千多里，却与匈奴单于主力遭遇。俘获和斩杀敌兵一万九千余人，到达了赵信城，获得匈奴积存的粮食以供军队食用。汉武帝为表彰卫青、霍去病的战功，特加封他们为大司马，得以管理日常的军事行政事务，以代太尉之职。卫青受封长平侯，后又经两次益封，按《史记》记载其所得封邑总共有一万六千七百户。

元封五年，卫青病逝，汉武帝为纪念他的彪炳战功，在茂陵东北修建了一座阴山形状的墓冢，"起冢象庐山"。谥号为"烈"，取《谥法》"以武立功，秉德尊业曰烈"之意。

卫青七战七胜，收复河朔、河套地区，击破单于，为北部疆域的开拓做出了重大贡献。卫青善于以战养战，用兵敢于深入，为将号令严明，对将士爱护有恩，对同僚大度有礼，位极人臣而不立私威，具有古代名将的风范。

卫青年谱

大约汉景帝前元三年—前元六年（公元前154年-前151年），卫青出生于平阳府。

大约汉景帝前元四年到后元三年（公元前151年—前141年），在生父郑季家中放牧。

大约建元元年到汉武帝建元二年（公元前140年-前139年），在平阳府中做骑童。

建元二年（公元前139年），卫青入宫在建章宫当差。

建元三年（公元前138年），馆陶公主抓获卫青，被公孙敖救。升任建章监、侍中。

建元四年到元光六年（公元前137年-前129年）任太中大夫，掌管朝议。

元光六年（公元前129年），卫青首次出征匈奴，取得了龙城大捷的胜利，被封关内侯。

元朔元年（公元前128年）秋，卫青为车骑将军出雁门，领三万骑兵，斩首虏数千人，该战役为卫青第二次出击匈奴。

元朔二年（公元前127年），卫青率大军进攻匈奴盘踞的河南地（黄河河套地区），收复河朔。卫青被封为长平侯，食邑三千八百户。

元朔五年（公元前124年）春，车骑将军卫青率领三万骑兵，从高阙出兵，俘虏右贤王的小王十余人，男女一万五千余人，牲畜千百万头。汉武帝拜卫青为大将军，加封食邑六千户（汉书八千七百户），所有将领归他指挥。卫青的三个儿子被汉武帝封为列侯。

元朔六年（公元前123年）春、夏，迎来了卫青的第五、六次出击。卫青为大将军两次领十万骑兵出击匈奴，歼灭匈奴军过万。大将军赏千金不益封。

元朔六年（公元前123年），听从宁乘的劝说，把汉武帝赏赐的五百金送给了王夫人作为寿礼。

元狩四年（公元前119年）春，卫青第七次出击匈奴，远涉漠北，和单于兵相遇，以弱胜强击败单于主力，俘获和斩杀匈奴兵一万九千余人。

元狩四年（公元前119年），汉武帝加封卫青为大司马，管理日常的军事行政事务，代太尉之职。

元狩五年（公元前118年），李广之子李敢击伤大将军，大将军为其隐匿不发。

元封五年（公元前106年），卫青病逝，汉武帝为纪念他的彪炳战功，在茂陵东北修建了一座阴山形状的墓冢，谥号为"烈"。

霍去病传略

霍去病(公元前140年-公元前117年),汉族,河东平阳(今山西临汾西南)人,西汉名将、杰出的军事家、爱国将领、民族英雄,官至大司马骠骑将军,封冠军侯。

霍去病是西汉著名的抗匈将领,是一位少年将军。霍去病出生在一个传奇性的家庭,他是平阳公主府的女奴卫少儿与平阳县小吏霍仲孺的儿子,这位小吏不敢承认自己跟公主的女奴私通,于是霍去病只能以私生子的身份降世。

元朔六年,十八岁的霍去病被汉武帝任命为嫖姚校尉,随卫青击匈奴于漠南,带领八百轻勇骑兵脱离大军在茫茫大漠里奔驰数百里奇袭匈奴,斩获敌人二千零二十八人,其中包括匈奴的相国、当户,同时也斩杀了单于的祖父辈籍若侯产(籍若侯乃封号,名产),并且俘虏了单于的叔父罗姑比,勇冠全军,以一千六百户受封冠军侯。

元狩二年，汉武帝任命二十岁的霍去病为骠骑将军。于春、夏两次率兵出击占据河西地区的浑邪王、休屠王部，歼敌四万余人，俘虏匈奴王五人及王母、单于阏氏、王子、相国、将军等一百二十多人。同年秋，奉命迎接率众降汉的匈奴浑邪王，在部分降众变乱的紧急关头，率部驰入匈奴军中，斩杀变乱者，稳定了局势，浑邪王得以率四万余众归汉。从此，汉朝控制了河西地区，为打通西域道路奠定了基础。匈奴为此悲歌："失我祁连山，使我六畜不蕃息；失我焉支山，使我妇女无颜色。"

元狩四年春，汉武帝命卫青、霍去病（时年二十二岁）各率骑兵五万，分别出定襄和代郡，深入漠北，寻歼匈奴主力。霍去病率军北进两千多里，越过离侯山，渡过弓闾河，与匈奴左贤王部接战，歼敌七万零四百人，俘虏匈奴屯头王、韩王等三人及将军、相国、当户、都尉等八十三人，乘胜追杀至狼居胥山（今蒙古国境内），在狼居胥山（今蒙古国肯特山）举行了祭天封礼，在姑衍山（今蒙古国肯特山以北）举行了祭地禅礼，兵锋一直逼至瀚海。经此一战，匈奴被汉军在漠南荡涤，匈奴单于逃到漠北，"匈奴远遁，而漠南无王庭"。他和卫青发起的对匈奴的进攻性战争，改变了汉朝对匈奴战争中的防守状态。此次战役的胜利长久地保障了西汉北方长城一带，也就是在漠南地区的边境安全，此战为汉朝进击匈奴最远的一次。

元狩四年，汉武帝设置大司马一职，大将军卫青、骠骑将军霍去病皆加官为大司马。同时下令，骠骑将军秩禄（即俸禄）与大将军相同。汉武帝于建元二年罢太尉之位，直到设置大司马位，以代替太尉之职，卫青和霍去病因为有了大司马这一加官称号，得以名正言顺地管理日常的军事行政事务。

霍去病举凡一生共六次出击匈奴，他收复了河西之地，封狼居胥的历史也成为后世战将的楷模。只可惜英年早逝，于元狩六年卒，年仅二十四岁（虚岁）。陪葬茂陵，谥封"景桓侯"，彰显其克敌服远，英勇作战，扩充疆土之意。

汉武帝对霍去病的死非常悲伤。他调来铁甲军,列成阵沿长安一直排到茂陵东的霍去病墓。他还下令将霍去病的坟墓修成祁连山的模样,彰显他力克匈奴的奇功。

霍去病年谱

建元元年（公元前140年），霍去病出生于河东平阳府。

元朔六年（公元前123年），十八岁的霍去病被汉武帝任命为嫖姚校尉，两次随卫青击匈奴于漠南，勇冠全军，以一千六百户受封冠军侯。

元狩二年（公元前121年）春，汉武帝任命二十岁的霍去病为骠骑将军。率领一万骑，斩捕首虏八千九百六十级，立下了奇功一件，汉武帝下诏以两千户益封去病。同时斩杀了河西两名重要的将领藩王折兰王和卢胡王，逮捕了浑邪王的儿子及他的相国、都尉，缴获辎重较多，没收了象征河西之主权利的休屠王的祭天金人。

元狩二年（公元前121年）夏，霍去病又以迅雷之势对河西进行了第四次出击，霍去病此次出征已深入敌境，并直达单于王庭，俘获首虏三万零二百人，获单于王子等王公贵族五十九人，获相国等重要干部人员六十三人，同时师大率减什三。

元狩二年(公元前121年)秋,奉命迎接率众降汉的匈奴浑邪王。

元狩四年(公元前119年)春,汉武帝命卫青、霍去病(时年二十二岁)各率骑兵五万,深入漠北,寻歼匈奴主力。霍去病率军北进两千多里,越过离侯山,渡过弓闾河,与匈奴左贤王部接战,歼敌七万零四百人,在狼居胥山举行了祭天封礼。

元狩四年(公元前119年),骠骑将军霍去病皆加官为大司马,代替太尉之职,管理日常的军事行政事务。

元狩五年(公元前118年),霍去病在甘泉宫的射猎中射杀了李敢。

元狩六年(公元前117年),霍去病上疏请武帝封皇子刘闳、刘旦、刘胥三人为诸侯王。

元狩六年(公元前117年),霍去病卒,年仅二十四岁(虚岁)。陪葬茂陵。谥封"景桓侯"。

参考书目

司马迁《史记》，中华书局，2014年版
班固《汉书》，中华书局，1976年版
司马光《资治通鉴》，中华书局，2007年版
吴晗、费孝通《皇权与绅权》，华东师范大学出版社，2015年版
【美】帕克著，向达译《匈奴史》山西人民出版社，2015年版
王书熙《汉武帝刘彻传》，河北人民出版社，2016年版
姜鹏《汉武帝的三张面孔》，华东师范大学出版社，2012年版
辛德勇《制造汉武帝》，三联书店，2016年版
李家瑞《霍去病传》，中国作家出版社，2004年版
林幹《匈奴史》，内蒙古人民出版社，1979年版
张志君《这些后妃很强悍》，商务印书馆国际有限公司，2016年版
杜呈祥《大汉雄风之卫青与霍去病》，中国三峡出版社，2011年版

杜呈祥《大汉雄风之张骞与苏武》，中国三峡出版社，2011年版
高洪雷《另一半中国史》，文化艺术出版社，2013年版
杨永峰《战神卫青》，北京联合出版社，2016年版
巴昆齐《骠骑将军霍去病》，黑龙江人民出版社，2003年版
许倬云《万古江河》，湖南人民出版社，2017年版
吕思勉《中国大历史》，湖南文艺出版社，2011年版
贾松禅《霍去病》，太白文艺出版社，2018年版
杜学文《被遮蔽的文明》，三晋出版社，2019年版

参考文章：

1.卫青、霍去病等与伊稚斜单于接战机会之争，王庆宪，黑龙江民族丛刊，2007-10-15

2.《史记》中李广与卫青悲剧性对比探析，陈恒新，淄博师专学报，2013-06-28

3.大将卫青的处世之道，冯立鳌，记者观察，2012-05-05

4.卫青的另一面，陈华胜，国学，2011-07-05

5.同是万里觅封侯——试析李广、卫青的不同历史际遇，惠荣，司马迁与史记论集（第九辑），2010-08-14

6.卫青、霍去病生年试探，张大可，社会科学，1982-03-02

7.漠北大捷与李广之死，张小锋，历史教学(高校版)，2007-07-16

8.趣读汉朝"私生子现象"汉朝秘史：刘邦卫青霍去病皆私生子，大家故事(天下事)，2007-09-01

9.《汉书·卫青传》"人奴"辨，戴世君，中华文史论丛，2014-06-20

10.张家山汉简所示汉初西北隅边境解析———附论秦昭襄王长城北端走向与九原云中两郡战略地位,辛德勇,历史研究,2006-02-15

11.《史记》文学研究,张亚玲,陕西师范大学报,2013-05-01

12.卫青与霍去病,丘唐,人民教育,1975-03-02

13.从汉匈战争中认识真实的李广,杨宁宁,中央民族大学学报,2005-09-15

14.倚剑对风尘慨然思卫霍——《史记·卫将军骠骑列传》探微,陈曦,名作欣赏,2009-01-01

15.汉武帝伐匈奴,朱增泉,神剑,2009-07-15

16.卫青,张黎辉,历史教学,1981-10-28,2009-01-01

17.汉匈之战,祝勇,小说界,2013-09-10

18.卫青懂政治,李安石,新闻世界(社会生活),2008-01-01

19.汉代对匈作战将领群体研究——以武昭宣三朝为中心,惠荣,西北大学学报,2011-06-30

20.论卫霍外戚集团与西汉中期政治,赵亮,中国人民大学学报,2005-05-01

21.匈奴与西汉关系史研究,王庆宪,内蒙古大学学报,2003-08-15

22."卫青不败由天幸"疑析,何茂云,四川师范大学学报(社会科学版),2005-12-30

23.先唐陇西李氏家族的演变及文学成就,王兴邦,西北师范大学学报,2012-05-01

24.从《史记》出发,傅剑仁,美文(上半月),2008-02-01

25.关于高阙位置的反思——兼答鲍桐同志,何清谷,中国历史地理论丛,1993-07-02

26.霍去病与匈奴的战争,杨婷,西北大学学报,2011-06-30

27.李广的悲剧与"意外后果",王传武,山西师范大学学报(社会科学

版)2006-03-25

28.浅谈汉武帝的人才选拔智慧,秦红霞,科学咨询(科技·管理),2014-03-02

29.汉武帝刘彻用人及其对人力资源管理的启示,张平阁,内蒙古农业大学学报(社会科学版),2011-08-15

30.军功不够是"李广难封"的根本原因,萧平汉,衡阳师范学院学报(社会科学),2000-04-30

31.秦汉时期河南地及其周边地区军事地理研究,贾伟,内蒙古大学学报,2013-03-28

32.闪耀在西汉的平阳群星,刘合心,中关村,2011-09-01

33.飞将军李广及子孙与河西,安志宏,天水日报,2012-04-08

34.西汉官僚阶层伦理观念与社会研究,宋娜,福建师范大学学报,2012-03-01

35.秦汉地理丛考,赵志强,陕西师范大学学报,2013-06-01

36.论司马迁写当代史成一家之言,易平,史学理论研究,1997-06-01

37.也谈李广难封的原因,高兵,齐鲁学刊,1995-01-15

38.论汉武帝对匈奴的征服战争,白音查干,内蒙古社会科学(文史哲版),1997-09-30

39.汉"元朔五年弩"镦郭铭文述疑,辛德勇,故宫博物院院刊,2009-03-30

40.司马迁,刘小川,小说界,2007-01-10

41.霍去病与西汉抗击匈奴的战争,张思恩,西北大学学报(哲学社会科学版),1989-10-01

42.汉武帝与外戚政治,秦学颀,西南师范大学学报(哲学社会科学版),1993-10-01

43.再谈"李广难封",徐海通;王桂莹金陵科技学院学报(社会科学版),2010-06-30

44.论巫蛊之祸,陈志,福建论坛(文史哲版),1988-06-29

45.从《史记》《汉书》到《汉武大帝》——对电视历史连续剧《汉武大帝》的创作研究,黎光容,西南大学,2006-04-15

46.少年中国的少年将军,高远;秦风休闲读品(天下),2013-05-15

47.将军命运的转变,赵楚,国家人文历史,2014-06-01

48.李广难封原因探析,任怀国,昌潍师专学报,1999-12-15

49.《史记》《汉书》的叙述学及其研究史,曾小霞,苏州大学,2012-03-01

50.汉代名将霍去病死亡之谜,文文,科学大观园2013-06-15

51.两汉匈奴单于庭、龙城今地考,邱树森,社会科学战线,1984-04-30

52.汉军对匈奴战略反击,赵楚,国家人文历史,2014-07-01

53.霍去病,张黎辉,历史教学,1981-10-28

54."数奇"与"天幸"的背后——司马迁"右李广而左卫、霍"解读,杨智,中国文学研究(辑刊),2021-06-30

55.汉武帝时期女性的政治参与研究——以史记为中心,陈佳宁、张玉芳,西部学刊,2019-11-10

《三晋百位历史文化名人传记丛书》已入选传主名单

尧	传说时期
舜	传说时期
禹	传说时期
晋文公	春秋
介子推	春秋
师旷	春秋
卜子夏	春秋
赵武灵王	战国
蔺相如	战国
荀子	战国
韩非子	战国
卫青、霍去病	西汉
班婕妤	西汉
关羽	三国
石勒	十六国
郭璞	两晋
慧远	两晋
法显	两晋

拓跋珪、拓跋焘、拓跋宏	南北
冯太后	两晋
王通	隋
尉迟敬德	唐
薛仁贵	唐
武则天	唐
狄仁杰	唐
王勃	唐
宋之问	唐
王之涣	唐
郭子仪	唐
王昌龄	唐
王维	唐
裴度	唐
白居易	唐
柳宗元	唐
温庭筠	唐
司空图	唐
李克用	唐
狄青	宋
司马光	宋
杨家将	宋
米芾	宋
元好问	金
关汉卿	元
郝经	元

白朴	元
萨都剌	元
罗贯中	明
王文素	明
孔天胤	明
王家屏	明
张慎言	明
傅山	清
于成龙	清
陈廷敬	清
孙嘉淦	清
杨二酉	清
雷履泰	清
栗毓美	清
祁寯藻	清
徐继畬	清
董文焕	清
车毅斋	清
刘笃敬	清
杨深秀	清
渠本翘	清